Hacia Mañana

Historias de Supervivencia y Fortaleza

Derechos de autor © 2024 por RK Books

Todos los derechos reservados.

Ninguna parte de esta publicación puede ser reproducida, distribuida o transmitida en ninguna forma o por ningún medio, incluyendo fotocopias, grabaciones u otros métodos electrónicos o mecánicos, sin el permiso previo por escrito del editor, excepto en el caso de breves citas incorporadas en reseñas críticas y ciertos otros usos no comerciales permitidos por la ley de derechos de autor.

Este libro es una obra de ficción. Los nombres, personajes, lugares e incidentes son productos de la imaginación del autor o se utilizan ficticiamente. Cualquier parecido con eventos, lugares o personas reales, vivas o fallecidas, es pura coincidencia.

ISBN: 978-969-489-254-2   Libro electrónico

ISBN: 978-969-489-253-5   Libro de bolsillo

ISBN: 978-969-489-255-9   Libro de tapa dura

Publicado por |

Tabla de Contenidos

Introduction .... Error! Bookmark not defined.

Capítulo 1 Superando Desafíos Personales: Historias de Resiliencia 3

    Rompiendo Barreras: Un Triunfo Personal: 4

    Abrazando la Vulnerabilidad: Encontrando Fuerza en la Debilidad 6

    Convertir las Luchas en Éxitos: Un Camino hacia la Resiliencia 8

Capítulo 2 Triunfos ante la Tragedia 10

    Elevándose de las Cenizas: Reconstruyendo Después de la Pérdida. 10

    Encontrando Luz en la Oscuridad: Historias de Redención. 12

    De la Desesperación a la Victoria: Superando lo Impensable 14

Capítulo 3 Encontrando Esperanza en Tiempos Oscuros 17

    Navegando en las Profundidades: Encontrando Esperanza en la Desesperación 18

    Iluminando el Camino Hacia Adelante: Historias de Inspiración 20

    Aferrándose a la Esperanza: La Luz al Final del Túnel 21

Capítulo 4 Actos valientes de supervivencia 24

    El Poder de los Instintos de Supervivencia: Relatos de Supervivencia ... 24

    Contra Todo Pronóstico: Historias de Desafiar al Destino 27

    Encontrando Fortaleza en la Adversidad: Actos Valientes de Supervivencia 29

Capítulo 5 Sanación y Crecimiento Después del Trauma 31

    El Viaje hacia la Sanación: Superando el Trauma 32

    Abrazando el Cambio: Crecimiento Después de la Adversidad 34

    De Dolor a Propósito: Encontrando Significado en el Trauma 36

Capítulo 6 Resiliencia en Medio de la Crisis 39

    Afrontando la Tormenta: Resiliencia en la Crisis 40

    Encontrando Calma en el Caos: Navegando la Crisis con Gracia 42

    Responder a la Adversidad: El Arte de la Resiliencia 44

Capítulo 7 Lecciones Aprendidas de la Lucha 47

    Convertir las Luchas en Fortalezas: Lecciones en Resiliencia................ 48

    Aprendiendo a Adaptarse: Sabiduría proveniente de la Adversidad 50

    Abrazando el Viaje: Lecciones de Vida desde la Adversidad.................. 51

Capítulo 8 El Poder de la Perseverancia 54

    La Fuerza para Seguir Adelante: La Perseverancia en Acción 55

    Resistencia ante la Dificultad: Historias de Perseverancia..................... 56

    Nunca Rendirse: La Resiliencia de la Perseverancia................................ 59

Capítulo 9 Historias de Reconstrucción y Renovación 62

    Construyendo un Nuevo Comienzo: Historias de Renovación............... 63

    Reconstruyendo Vidas: El Arte de Reconstruir 65

    Encontrando Propósito en la Reconstrucción: Relatos de Renovación . 67

Capítulo 10 Fuerza en la Comunidad: Relatos de Apoyo y Solidaridad...... 69

    Uniendo Fuerzas: El Poder de la Comunidad 70

    Unidos en la Adversidad: Historias de Solidaridad.................................. 71

    Levantándonos Mutuamente: Relatos de Apoyo y Fortaleza 73

Capítulo 11 Resiliencia a Través de las Generaciones 76

    Transmitiendo Resiliencia: Lecciones de los Ancianos........................... 76

    Raíces Resilientes: Historias Familiares de Fortaleza 78

    De Generación en Generación: Resiliencia a Través del Tiempo 81

Capítulo 12 Enfrentando la Incertidumbre con Determinación................. 84

    Navegando en lo Desconocido: Historias de Determinación 85

    Encontrando Claridad en la Incertidumbre: La Determinación para Avanzar 87

    Abrazando el cambio: enfrentando la incertidumbre con fortaleza....... 89

Capítulo 13 Historias de Transformación y Empoderamiento 92

Transformando la adversidad en oportunidad: Historias de empoderamiento 93

Empoderamiento a través de la adversidad: Relatos de Transformación 95

Hallar Empoderamiento Interno: El Viaje del Auto-Descubrimiento 97

Capítulo 14 Mirando hacia el Futuro: Construyendo un Futuro Más Brillante 100

Soñando con el Mañana: Visiones para un Futuro Más Brillante 101

Construyendo puentes hacia el mañana: Emprendimientos esperanzadores 103

Creando un Mejor Mañana: Pasos hacia un Futuro Más Brillante....... 105

Introducción

En un mundo marcado por divisiones profundas, donde la discordia parece resonar más fuerte que la armonía, la búsqueda de la unidad se erige como un faro de esperanza en medio del tumulto. Desde conflictos antiguos hasta divisiones modernas, la humanidad ha luchado con la discordia en formas variadas, sin embargo, la búsqueda de la armonía sigue siendo una aspiración perdurable. Es dentro de este contexto que emprendemos un viaje para explorar las dinámicas intrincadas de la discordia y el significado profundo de la armonía en nuestra existencia colectiva. En su esencia, la discordia representa la fractura de la unidad, la divergencia de intereses, creencias y aspiraciones que siembran semillas de conflicto y división. Ya sea manifestada a través de luchas políticas, choques culturales o disparidades socioeconómicas, la discordia permea cada faceta de la interacción humana, moldeando el curso de la historia y los contornos de la sociedad contemporánea. Sin embargo, yuxtapuesto contra este telón de fondo de discordia yace el encanto perdurable de la armonía: un estado de equilibrio, cohesión y entendimiento mutuo que trasciende las diferencias y fomenta la unidad. Los orígenes de la discordia se remontan a través de los anales de la historia, tejidos en el tejido de los imperios antiguos, conflictos medievales y revoluciones modernas. Desde las conquistas de imperios hasta las luchas por la independencia, el viaje de la humanidad ha estado marcado por períodos de lucha y convulsión, interrumpidos por momentos fugaces de reconciliación y unidad. A través de la lente de la historia, obtenemos una visión de la naturaleza cíclica de la discordia y el poder transformador de la armonía para remediar las fracturas del pasado. En el paisaje contemporáneo, el espectro de la discordia se cierne grande, arrojando una sombra sobre los asuntos globales y la política interna por igual. Desde la polarización de las ideologías hasta el abismo cada vez mayor de la desigualdad socioeconómica, los desafíos a la armonía son múltiples y diversos. Sin embargo, en medio de la cacofonía de la discordia, existen oportunidades para el diálogo, la comprensión y la reconciliación, llaves para desbloquear el potencial de un mundo más unificado y armonioso. A medida que nos embarcamos en esta exploración de la discordia y la armonía, somos llamados a enfrentar las complejidades de nuestra humanidad compartida y abrazar el imperativo de la unidad en la diversidad. A través del diálogo, la empatía y la acción colectiva, podemos tender puentes sobre las divisiones que amenazan con desgarrarnos y forjar un camino hacia un futuro definido por la armonía y la comprensión. En las páginas que siguen, profundizaremos en las complejidades de la discordia y el poder transformador de la armonía para trascender las diferencias, sanar heridas y construir un mundo más justo y equitativo. Es un viaje que invita a la introspección, el diálogo y la acción colectiva, un viaje hacia la reunificación de un mundo fragmentado en el abrazo armonioso de nuestra humanidad compartida.

Capítulo 1

Superando Desafíos Personales: Historias de Resiliencia

El Capítulo 1 de "Hacia Mañana" se sumerge en el ámbito profundamente personal de superar la adversidad. Dentro de estas páginas yacen narrativas de coraje, fuerza y determinación inquebrantable frente a pruebas personales. En un mundo donde cada individuo enfrenta su propio conjunto único de desafíos, estas historias sirven como faros de esperanza e inspiración.

Desde luchar contra enfermedades hasta superar adicciones, las historias dentro de este capítulo iluminan la capacidad humana para la resiliencia. Nos recuerdan que incluso en nuestros momentos más oscuros, hay una luz que nos llama hacia adelante, una luz alimentada por la pura voluntad de sobrevivir y prosperar.

Mientras viajamos a través de estos relatos de triunfo, se nos recuerda que la resiliencia no conoce límites. No está limitada por la edad, la raza o las circunstancias. Más bien, es una fuerza universal que reside dentro de cada uno de nosotros, esperando ser liberada en momentos de necesidad.

En las páginas siguientes, te encontrarás con personas que han enfrentado la adversidad de frente y han salido victoriosas. Sus historias sirven como recordatorios poderosos de que no importa cuán desalentador pueda parecer el desafío, siempre hay esperanza en el horizonte. Entonces, embarquémonos en este viaje juntos, mientras exploramos el poder transformador de la resiliencia para superar desafíos personales.

Rompiendo Barreras: Un Triunfo Personal:

En los anales de la experiencia humana, existe un hilo común que nos une a todos: la lucha por superar obstáculos y romper barreras que se interponen en el camino de nuestros sueños. Es un viaje lleno de desafíos, contratiempos y momentos de duda, pero también es un viaje marcado por la resiliencia, la determinación y el espíritu inquebrantable del alma humana. Dentro de los confines de este capítulo, nos adentramos en el corazón del triunfo personal, explorando las historias de individuos que han desafiado las probabilidades y han hecho añicos las barreras que una vez parecían insuperables.

El relato del triunfo personal es tan diverso como profundo, abarcando una miríada de experiencias y desafíos. Para algunos, puede ser el viaje de superar limitaciones físicas: una batalla contra la enfermedad o la lesión que pone a prueba los límites del cuerpo y del espíritu humano. Para otros, puede ser la lucha por superar barreras mentales o emocionales: un viaje a través de las profundidades de la desesperación y de vuelta a la luz de la esperanza y la curación.

Una de esas historias de triunfo personal comienza en los tranquilos suburbios de un pueblo pequeño, donde una joven llamada Sarah creció soñando con convertirse en bailarina. Desde pequeña, Sarah quedó cautivada por la belleza y la gracia del ballet, y pasó incontables horas practicando sus pliés y piruetas frente al espejo en su habitación. Sin embargo, a medida que Sarah crecía, sus sueños se vieron amenazados por una enfermedad debilitante que la dejó incapaz de caminar sin la ayuda de muletas.

Durante años, Sarah luchó contra las limitaciones impuestas por su enfermedad, sometiéndose a innumerables cirugías y tratamientos en un intento desesperado por recuperar su movilidad. Sin embargo, a pesar del dolor y la incertidumbre que la acosaban en cada paso, Sarah se negó a renunciar a su sueño de bailar. Con una determinación inquebrantable y un feroz sentido de resiliencia, se empujó al borde del agotamiento, desafiando las expectativas de médicos y escépticos por igual.

Poco a poco, Sarah comenzó a progresar, dando pasos tentativos hacia su objetivo con cada día que pasaba. A través de la pura fuerza de voluntad y una creencia inquebrantable en sí misma, aprendió a caminar de nuevo, no solo por el simple hecho de caminar, sino por la pura alegría del movimiento y la expresión que siempre habían alimentado su pasión por la danza.

Años después, Sarah subió al escenario de un prestigioso concurso de danza, con las piernas fuertes y firmes debajo de ella mientras realizaba una rutina impresionante que hizo llorar a todos en la audiencia. En ese momento, se dio cuenta de que su viaje no se trataba solo de superar barreras físicas, sino de recuperar su sentido de autovalor y su identidad frente a la adversidad.

La historia de Sarah es solo una de muchas que ejemplifican el poder del triunfo personal frente a la adversidad. Ya sea el viaje de un sobreviviente de cáncer recuperando su salud y vitalidad, o un refugiado construyendo una nueva vida en tierras extranjeras, cada relato sirve como testimonio de la resiliencia del espíritu humano y del potencial ilimitado que reside en cada uno de nosotros.

Al final, el triunfo personal no se trata solo de alcanzar un objetivo específico o superar un obstáculo particular, sino de abrazar el propio viaje, con todos sus giros y vueltas, triunfos y tribulaciones. Se trata de encontrar la fuerza para perseverar frente a la adversidad y el coraje para seguir nuestros sueños, dondequiera que nos lleven.

Al reflexionar sobre las historias de triunfo personal que se encuentran dentro de estas páginas, que nos inspiremos para enfrentar nuestros propios desafíos con renovada esperanza y determinación. Porque al final, no son los obstáculos que enfrentamos los que nos definen, sino la fuerza y la resiliencia con las que los enfrentamos.

Nota: Sarah es un personaje ficticio creado con el propósito de esta narrativa.

Abrazando la Vulnerabilidad: Encontrando Fuerza en la Debilidad

La vulnerabilidad es a menudo percibida como una debilidad, una grieta en la armadura de nuestras cuidadosamente construidas personas que nos deja expuestos y abiertos al dolor. Sin embargo, ¿qué pasaría si la vulnerabilidad no fuera algo que temer, sino algo que abrazar? ¿Qué pasaría si, en nuestros momentos más vulnerables, encontráramos no debilidad, sino fuerza: la fuerza para ser auténticos, la fuerza para conectar con otros, y la fuerza para crecer y evolucionar hacia las expresiones más plenas de nosotros mismos?

En las páginas que siguen, emprendemos un viaje al corazón de la vulnerabilidad, explorando las historias de individuos que han encontrado el coraje de abrazar sus propias debilidades y vulnerabilidades, y al hacerlo, han descubierto un profundo sentido de fuerza y resiliencia.

Una historia comienza en las bulliciosas calles de la ciudad de Nueva York, donde una joven llamada Emily se encontraba lidiando con las secuelas de una dolorosa ruptura. Durante meses, Emily había enterrado sus emociones bajo una fachada de fortaleza y estoicismo, negándose a dejar que nadie viera la profundidad de su dolor. Sin embargo, a medida que los días se convertían en semanas y las semanas en meses, se encontró consumida por un sentimiento de vacío y desesperación que parecía imposible de escapar.

No fue hasta que Emily se encontró sola en su apartamento una tarde lluviosa, con lágrimas corriendo por su rostro, que se dio cuenta del verdadero poder de la vulnerabilidad. En ese momento de emoción cruda y sin filtros, se permitió sentir, realmente sentir, el dolor y la angustia que la habían estado agobiando durante tanto tiempo. Y al hacerlo, descubrió una fuerza dentro de sí misma que nunca supo que existía.

A medida que Emily comenzó a abrirse a quienes la rodeaban, compartiendo sus luchas y vulnerabilidades con amigos y seres queridos, descubrió que lejos de ser una fuente de debilidad, la vulnerabilidad era una fuente de conexión y sanación. Al permitirse ser vulnerable, descubrió que no estaba sola, que había otros que habían recorrido caminos similares, enfrentado desafíos similares y salido al otro lado más fuertes y resilientes que nunca.

A través del prisma de la vulnerabilidad, Emily comenzó a ver sus debilidades no como defectos a ocultar, sino como oportunidades de crecimiento y transformación. Abrazó sus imperfecciones, reconociendo que era a través de ellas que podía conectarse con otros en un nivel más profundo y forjar relaciones genuinas y auténticas basadas en la confianza y el entendimiento mutuo.

Al final, el viaje de Emily le enseñó que la vulnerabilidad no es un signo de debilidad, sino un signo de fuerza: la fuerza para ser honesta, la fuerza para ser auténtica y la fuerza para vivir con todo el corazón, con todas las alegrías y tristezas que la vida tiene para ofrecer.

Al reflexionar sobre la historia de Emily, que nos inspiremos a abrazar nuestras propias vulnerabilidades, a reconocerlas no como debilidades de las que avergonzarnos, sino como oportunidades de crecimiento y conexión. Porque es a través de nuestras vulnerabilidades que encontramos el coraje de ser realmente nosotros mismos, y de vivir nuestras vidas con autenticidad, integridad y gracia.

Convertir las Luchas en Éxitos: Un Camino hacia la Resiliencia

En el tapiz de la experiencia humana, las luchas están tejidas en el mismo tejido de nuestras vidas. Desde el momento en que nacemos, nos enfrentamos con desafíos, obstáculos y contratiempos que ponen a prueba nuestra fuerza, resiliencia y determinación. Sin embargo, dentro de estas luchas yace el potencial para el crecimiento, la transformación y, en última instancia, el éxito. En las páginas que siguen, nos embarcamos en un viaje al corazón de la resiliencia, explorando las historias de individuos que han enfrentado la adversidad de frente y han salido victoriosos. Estas son las historias de personas comunes que han transformado sus luchas en éxitos, convirtiendo la adversidad en oportunidad y el desespero en triunfo.

Una de estas historias comienza en las montañas agrestes de los Apalaches, donde un joven llamado Jacob creció en la pobreza, rodeado de violencia, adicción y desesperación. Desde una edad temprana, Jacob se enfrentó a desafíos que parecían insuperables: una familia rota, falta de recursos y una comunidad plagada de desempleo y desesperanza.

Sin embargo, a pesar de las probabilidades en su contra, Jacob se negó a sucumbir al ciclo de pobreza y desesperación que amenazaba con envolverlo. Con una determinación inquebrantable y un feroz sentido de resiliencia, se propuso crear una vida mejor para él y su familia, utilizando sus luchas como combustible para sus sueños.

Durante años, Jacob trabajó en empleos temporales para llegar a fin de mes, juntando recursos de donde pudiera para mantenerse a sí mismo y a sus seres queridos. Enfrentó innumerables contratiempos y obstáculos en el camino, desde dificultades financieras hasta tragedias personales, pero se negó a renunciar a sus sueños.

A través de la pura fuerza de voluntad y una creencia inquebrantable en sí mismo, Jacob poco a poco comenzó a convertir sus luchas en éxitos. Persiguió una educación, obteniendo un título contra todo pronóstico, y utilizó su conocimiento y habilidades para crear oportunidades para sí mismo y para otros en su comunidad.

Hoy, Jacob es un exitoso empresario, filántropo y líder comunitario, utilizando su plataforma para inspirar a otros a superar sus propias luchas y perseguir sus sueños. Ha transformado sus dificultades en oportunidades de crecimiento y empoderamiento, y continúa pagándolo adelante, ayudando a otros a hacer lo mismo.

La historia de Jacob es solo una entre muchas que ejemplifican el poder de la resiliencia para convertir las luchas en éxitos. Ya sea la historia de una madre soltera trabajando en múltiples empleos para mantener a su familia, o la de un veterano superando las cicatrices de la guerra para encontrar paz y propósito, cada relato sirve como testimonio del espíritu humano indomable y el potencial ilimitado que reside en cada uno de nosotros.

En su esencia, la resiliencia no se trata solo de recuperarse de la adversidad, sino de usar nuestras luchas como escalones hacia el éxito, transformando nuestro dolor en poder y nuestros desafíos en oportunidades de crecimiento y transformación.

Al reflexionar sobre las historias de resiliencia que se encuentran dentro de estas páginas, que nos inspiremos a enfrentar nuestras propias luchas con coraje y determinación. Porque al final, no son los desafíos que enfrentamos los que nos definen, sino cómo respondemos a ellos, con fuerza, con resiliencia y con una creencia inquebrantable en el poder del espíritu humano.

Nota: Jacob es un personaje ficticio creado con el propósito de esta narrativa.

Capítulo 2

Triunfos ante la Tragedia

El Capítulo 2 de "Hacia el Mañana" profundiza en el tema profundo del triunfo ante la tragedia. Dentro de estas páginas yacen historias de valentía, resiliencia y el espíritu humano inquebrantable que se eleva por encima de las circunstancias más devastadoras.

La tragedia tiene una manera de poner a prueba el núcleo mismo de nuestro ser, sacudiéndonos hasta nuestras bases y dejándonos tambaleando en su estela. Sin embargo, en medio de la oscuridad, existe un destello de esperanza: una resiliencia que se niega a extinguirse, una determinación que desafía las probabilidades.

En este capítulo, exploramos los relatos de individuos que han mirado al abismo de la tragedia y han salido victoriosos. Desde las cenizas de la pérdida y la desesperación, han forjado caminos de redención y renovación, transformando su dolor en propósito y su tristeza en fuerza.

A través de estas historias, se nos recuerda la increíble capacidad del espíritu humano para elevarse por encima de la adversidad y encontrar significado en medio del sufrimiento. Sirven como faros de luz en la oscuridad, guiándonos hacia un futuro lleno de esperanza, sanación y la promesa del mañana.

Elevándose de las Cenizas: Reconstruyendo Después de la Pérdida.

En el período posterior a la tragedia, cuando el mundo parece desmoronarse a nuestro alrededor y el tejido mismo de nuestras vidas se desgarra, existe una profunda oportunidad de renacimiento y renovación. "Elevándose de las Cenizas: Reconstruyendo Después de la Pérdida" es un testimonio de la capacidad humana para la resiliencia, la fuerza y la voluntad indomable de reconstruir frente a una pérdida inimaginable.

La tragedia adopta muchas formas: la pérdida de un ser querido, la destrucción de un hogar, el desmoronamiento de los sueños, sin embargo, en cada instancia yace el potencial para la transformación. Dentro de las profundidades de la desesperación, existe una semilla de esperanza, esperando echar raíces y florecer en una nueva vida.

Una historia de reconstrucción después de la pérdida comienza en el resurgir de un desastroso desastre natural, donde una comunidad queda tambaleante en el resplandor de un poderoso terremoto. Los hogares yacen en ruinas, se pierden vidas y los cimientos mismos de la sociedad son sacudidos hasta su núcleo. Sin embargo, entre los escombros y la destrucción, existe un destello de esperanza: una determinación para reconstruir, sanar y emerger más fuertes que nunca.

En los días y semanas que siguen, los miembros de la comunidad se unen para apoyarse mutuamente en su momento de necesidad. Trabajan incansablemente para despejar escombros, brindar ayuda a aquellos que lo han perdido todo y comenzar el largo y arduo proceso de reconstruir sus vidas desde cero.

A través de una determinación pura y un sentido inquebrantable de resiliencia, la comunidad comienza a surgir de las cenizas de la tragedia. Se reconstruyen hogares, se reabren escuelas y un sentido de normalidad comienza a regresar al paisaje una vez devastado. Sin embargo, en medio de la reconstrucción física, algo aún más profundo comienza a tomar forma: un renovado sentido de comunidad, solidaridad y esperanza para el futuro.

A medida que la comunidad se une para reconstruir, descubren una fuerza dentro de sí mismos que nunca supieron que existía.

Encuentran consuelo en los lazos de amistad y el apoyo de sus vecinos, y se inspiran en los innumerables actos de bondad y generosidad que surgen en medio de la tragedia.

A través de sus esfuerzos colectivos, la comunidad no solo reconstruye sus hogares y sus vidas, sino que también reconstruye sus espíritus, emergiendo de las cenizas de la pérdida más fuertes, más resilientes y más unidos que nunca.

"Elevándose de las Cenizas: Reconstruyendo Después de la Pérdida" es un testimonio de la capacidad humana para la resiliencia y la renovación frente a la tragedia. Es un recordatorio de que incluso en nuestros momentos más oscuros, existe el potencial para el crecimiento, la transformación y el triunfo del espíritu humano.

Al reflexionar sobre las historias de reconstrucción después de la pérdida que se encuentran dentro de estas páginas, que nos inspiremos a encontrar esperanza en medio de la desesperación, y a abrazar la oportunidad de renovación que surge en el resurgir de la tragedia. Porque es a través de nuestra resiliencia y determinación colectivas que podemos elevarnos de las cenizas de la pérdida y reconstruir nuestras vidas, nuestras comunidades y nuestros futuros de nuevo.

Encontrando Luz en la Oscuridad: Historias de Redención.

En las profundidades de la oscuridad, donde la desesperación y la falta de esperanza parecen reinar supremas, existe un destello de luz, un faro de esperanza que nos guía a través de las noches más oscuras. "Encontrando Luz en la Oscuridad: Historias de Redención" es un testimonio del poder transformador de la redención, mostrando las historias de individuos que han encontrado redención en los lugares más inesperados.

La redención es un viaje de sanación y transformación, un camino que nos lleva desde las profundidades de la desesperación hasta las alturas de la esperanza y la renovación. Es un viaje que requiere coraje, resiliencia y una disposición para enfrentar nuestros errores y deficiencias del pasado de frente.

Una historia de redención comienza en el corazón de una bulliciosa ciudad, donde un joven llamado Michael se encontraba atrapado en las garras de la adicción y la desesperación. Durante años, Michael luchó por liberarse del ciclo de adicción que amenazaba con consumirlo, dejando a su paso una estela de relaciones rotas y sueños destrozados.

Sin embargo, en medio de la oscuridad de la adicción, Michael encontró un destello de esperanza, una oportunidad de redención que cambiaría el rumbo de su vida para siempre. A través del apoyo de amigos, familiares y mentores, Michael comenzó a enfrentar sus demonios y dar los primeros pasos hacia la recuperación.

No fue un camino fácil: hubo contratiempos y desafíos en el camino, pero con cada día que pasaba, Michael se volvía más fuerte y más decidido a recuperar su vida. Buscó tratamiento, asistió a grupos de apoyo y abrazó un nuevo sentido de propósito y significado en su vida.

Poco a poco, Michael comenzó a encontrar luz en la oscuridad de la adicción. Descubrió un renovado sentido de esperanza y optimismo, y forjó nuevas conexiones y relaciones basadas en una base de confianza y apoyo mutuo.

A través de su viaje de redención, Michael no solo transformó su propia vida, sino que también se convirtió en una fuente de inspiración y esperanza para otros que luchaban con la adicción. Compartió su historia abierta y honestamente, utilizando sus experiencias para ayudar a otros a encontrar su propio camino hacia la recuperación y la redención.

"Encontrando Luz en la Oscuridad: Historias de Redención" es una celebración de la capacidad humana para el crecimiento, la transformación y la renovación. Es un recordatorio de que no importa cuán lejos podamos caer, siempre hay esperanza de redención, una oportunidad de surgir de las cenizas de nuestros errores pasados y crear un futuro más brillante y esperanzador.

Al reflexionar sobre las historias de redención que se encuentran dentro de estas páginas, que nos inspiremos a enfrentar nuestros propios demonios y abrazar la posibilidad de renovación. Porque es a través de nuestras luchas y nuestros triunfos que encontramos la fuerza para superar la adversidad y encontrar redención en los lugares más inesperados.

Nota: Michael es un personaje ficticio creado con el propósito de esta narrativa.

De la Desesperación a la Victoria: Superando lo Impensable

En los momentos más oscuros de nuestras vidas, cuando toda esperanza parece perdida y la desesperación amenaza con consumirnos, existe un destello de posibilidad: la posibilidad de triunfar sobre la adversidad, de mostrar resiliencia ante un dolor inimaginable. "De la Desesperación a la Victoria: Superando lo Impensable" es un testimonio de la extraordinaria resiliencia del espíritu humano, mostrando historias de individuos que han surgido de las profundidades de la desesperación para alcanzar la victoria frente a lo impensable.

El viaje de la desesperación a la victoria es uno desgarrador, lleno de desafíos, contratiempos y momentos de duda. Sin embargo, dentro de las profundidades de la desesperación yace la semilla de la esperanza, una esperanza que, con coraje, determinación y una resiliencia inquebrantable, puede florecer en triunfo.

Una de estas historias de superar lo impensable comienza en el aftermath de una tragedia devastadora, donde una joven llamada Emily se encontraba luchando con la pérdida inimaginable de toda su familia en un accidente trágico. En un abrir y cerrar de ojos, su mundo fue destrozado, dejándola a la deriva en un mar de dolor y desesperación.

Durante meses, Emily luchó por dar sentido a su pérdida, lidiando con sentimientos de culpa, ira y tristeza abrumadora. Sin embargo, en medio de la oscuridad, encontró un destello de esperanza, una determinación de honrar la memoria de sus seres queridos viviendo una vida de propósito y significado.

Con el paso de los días, Emily dio pequeños pasos hacia la curación y la recuperación, encontrando fuerza en el amor y el apoyo de amigos, familiares y la comunidad. Buscó asesoramiento, se unió a grupos de apoyo y contó con el apoyo de otros mientras navegaba por el difícil camino del duelo y la pérdida.

Poco a poco, Emily comenzó a encontrar un sentido de propósito en su dolor. Canalizó su dolor en acción, convirtiéndose en una defensora del cambio y una voz para aquellos que habían sido afectados por tragedias similares. A través de su trabajo de defensa, encontró un sentido de empoderamiento y una renovada esperanza para el futuro.

Años más tarde, Emily se erige como un faro de esperanza e inspiración para otros que han enfrentado adversidades similares. A través de su resiliencia y determinación, ha transformado su dolor en poder, su desesperación en victoria.

"De la Desesperación a la Victoria: Superando lo Impensable" es una celebración de la capacidad humana para la resiliencia, el coraje y el triunfo frente a la adversidad. Es un recordatorio de que no importa lo oscuro que parezca la noche, siempre hay posibilidad de un nuevo amanecer, un amanecer lleno de esperanza, sanación y la promesa de la victoria.

Al reflexionar sobre las historias de superar lo impensable que se encuentran en estas páginas, que seamos inspirados a enfrentar nuestros propios desafíos con coraje y determinación. Porque es a través de nuestras luchas y nuestros triunfos que encontramos la fuerza para superar incluso los obstáculos más inimaginables y salir victoriosos al otro lado.

Nota: Emily es un personaje ficticio creado con el propósito de esta narrativa.

Capítulo 3
Encontrando Esperanza en Tiempos Oscuros

El Capítulo 3 de "Hacia el Mañana" profundiza en el tema profundo de encontrar esperanza en medio de la oscuridad. En un mundo donde la incertidumbre, la tragedia y la desesperación a menudo pueden parecer abrumadoras, este capítulo explora el poder transformador de la esperanza, un faro de luz que nos guía incluso en los momentos más oscuros.

Ante la adversidad, la esperanza es una fuerza poderosa que nos sostiene, nos inspira y nos capacita para seguir adelante. Es la creencia de que, por más sombrías que parezcan las circunstancias, siempre existe la posibilidad de un mañana más brillante.

Dentro de estas páginas, encontramos historias de individuos que han encontrado esperanza en los lugares más inesperados, desde las profundidades de la desesperación hasta las cimas del triunfo. Estos son relatos de resiliencia, coraje y determinación inquebrantable frente a probabilidades aparentemente insuperables.

Mientras recorremos estas narrativas de esperanza y resiliencia, que recordemos que incluso en nuestros momentos más oscuros, siempre existe la posibilidad de renovación, redención y transformación. Porque es a través del poder de la esperanza que encontramos la fuerza para perseverar, superar obstáculos y abrazar la promesa de un futuro mejor.

Navegando en las Profundidades: Encontrando Esperanza en la Desesperación

En el laberinto de la vida, hay momentos en los que nos encontramos navegando por las profundidades de la desesperación, cuando la esperanza parece ser solo un recuerdo lejano y la oscuridad amenaza con engullirnos por completo. Sin embargo, es precisamente en estos momentos de desesperación que la luz de la esperanza brilla con más intensidad, guiándonos a través de los tiempos más oscuros y llevándonos hacia un mañana más brillante.

"Navegando en las Profundidades: Encontrando Esperanza en la Desesperación" es un viaje al corazón de la oscuridad, donde encontramos historias de individuos que han hallado esperanza en los lugares más improbables. Estas son historias de resistencia, valentía y la creencia inquebrantable de que incluso frente a desafíos aparentemente insuperables, siempre existe la posibilidad de redención y renovación.

Una de esas historias de encontrar esperanza en la desesperación comienza en la vida de una joven llamada Ana. Desde fuera, Ana parecía tenerlo todo: una familia amorosa, una carrera exitosa y un futuro brillante por delante. Sin embargo, bajo la superficie, Ana luchaba con un profundo sentimiento de vacío y desesperación, enfrentando sentimientos de incompetencia e inseguridad que parecían consumirla cada momento de vigilia.

Durante años, Ana intentó enterrar su dolor bajo una fachada de fuerza y estoicismo, negándose a reconocer la profundidad de su desesperación. Sin embargo, no importaba cuánto intentara suprimir sus emociones, la oscuridad continuaba carcomiéndola desde dentro, amenazando con devorarla por completo.

No fue hasta que Ana tocó fondo, un momento de profunda desesperación que la dejó sintiéndose completamente desesperada y sola, que se dio cuenta del verdadero poder de la esperanza. En las profundidades de su desesperación, Ana encontró un destello de luz, un atisbo de esperanza que le recordaba que incluso en sus momentos más oscuros, no estaba sola.

Con el apoyo de amigos, familiares y un terapeuta, Ana comenzó a enfrentar sus demonios y a dar los primeros pasos hacia la curación y la recuperación. Aprendió a abrazar sus vulnerabilidades, a aceptarse a sí misma por quien era y a encontrar sentido y propósito en medio de su dolor.

Poco a poco, Ana comenzó a encontrar esperanza en las profundidades de la desesperación. Descubrió un nuevo sentido de fuerza y resiliencia dentro de sí misma, una fortaleza que le permitió enfrentar sus miedos y abrazar las posibilidades de un futuro más brillante.

Hoy, Ana es un testimonio del poder de la esperanza frente a la desesperación. A través de su viaje de curación y autodescubrimiento, ha aprendido que incluso en los momentos más oscuros, siempre existe la posibilidad de redención y renovación, una oportunidad de surgir de las profundidades de la desesperación y abrazar nuevamente la luz de la esperanza.

"Navegando en las Profundidades: Encontrando Esperanza en la Desesperación" es una celebración del espíritu humano, un recordatorio de que incluso en nuestros momentos más oscuros, siempre existe la posibilidad de esperanza. Mientras reflexionamos sobre las historias de resiliencia y valentía que se encuentran dentro de estas páginas, que nos inspiremos a enfrentar nuestras propias luchas con coraje y determinación, sabiendo que incluso en las profundidades de la desesperación, la esperanza nunca está lejos.

Nota: Anna es un personaje ficticio creado con el propósito de esta narrativa.

Iluminando el Camino Hacia Adelante: Historias de Inspiración

En el tapiz de la experiencia humana, hay hilos de inspiración que se entrelazan en el tejido de nuestras vidas, guiándonos en el camino hacia adelante incluso en los momentos más oscuros. "Iluminando el Camino Hacia Adelante: Historias de Inspiración" es una colección de narrativas que arrojan luz sobre el poder transformador de la inspiración: historias de individuos que han enfrentado la adversidad con valentía, resiliencia y determinación inquebrantable, inspirando a otros a hacer lo mismo.

La inspiración tiene la notable capacidad de encender la chispa de la esperanza dentro de nosotros, de despertar nuestra fuerza interna y resiliencia, y de impulsarnos hacia adelante hacia nuestros sueños y aspiraciones. Es una fuerza que no conoce límites, trascendiendo barreras de tiempo, espacio y circunstancia para tocar los corazones y mentes de las personas en todo el mundo.

Una de esas historias de inspiración comienza en la vida de un joven llamado David. Nacido en la pobreza en un pequeño pueblo rural, David enfrentó numerosos desafíos desde una edad temprana, desde la falta de acceso a la educación y la atención médica hasta la lucha diaria por la supervivencia. Sin embargo, a pesar de las adversidades en su contra, David se negó a renunciar a sus sueños.

Con una determinación feroz y una creencia inquebrantable en sí mismo, David se propuso crear una vida mejor para él y su familia. Trabajó en empleos temporales, ahorró cada centavo que pudo y se dedicó a sus estudios con pasión y dedicación que no conocían límites.

A través de una determinación y perseverancia absolutas, David desafió las expectativas de quienes lo rodeaban, obteniendo becas para asistir a la universidad y eventualmente siguiendo una carrera en medicina. En el camino, enfrentó innumerables obstáculos y contratiempos, pero se negó a ser disuadido, encontrando inspiración en las luchas de su pasado y usándolas como combustible para sus sueños.

Hoy, David es un faro de esperanza e inspiración para otros que enfrentan desafíos similares. A través de su trabajo como médico, ha dedicado su vida a servir a los demás, utilizando sus propias experiencias para empatizar con los pacientes y brindarles la atención y el apoyo que necesitan para superar sus propios obstáculos.

La historia de David es solo una de muchas que ejemplifican el poder de la inspiración para iluminar el camino hacia adelante. Desde las profundidades de la pobreza y la desesperación hasta las alturas del éxito y la realización, cada narrativa sirve como un recordatorio de que incluso en nuestros momentos más oscuros, siempre existe la posibilidad de esperanza y transformación.

Al reflexionar sobre las historias de inspiración que se encuentran en estas páginas, que seamos inspirados a enfrentar nuestros propios desafíos con coraje y determinación, sabiendo que con el poder de la inspiración guiándonos, no hay obstáculo demasiado grande para superar.

Nota: David es un personaje ficticio creado con el propósito de esta narrativa.

Aferrándose a la Esperanza: La Luz al Final del Túnel

En medio de las pruebas y tribulaciones de la vida, cuando la oscuridad parece rodearnos por todos lados, hay un faro de luz que brilla intensamente: la esperanza. "Aferrándose a la Esperanza: La Luz al Final del Túnel" es una colección de historias que iluminan el poder transformador de la esperanza: relatos de personas que, ante la adversidad, se aferraron a la esperanza como su luz guía, llevándolos a través de los túneles más oscuros y hacia el brillo de un nuevo día.

La esperanza es una fuerza poderosa que reside dentro de cada uno de nosotros, una fuerza que puede levantarnos cuando estamos en nuestro punto más bajo y llevarnos hacia adelante cuando el camino por delante parece incierto. Es la creencia de que, no importa cuán graves puedan parecer nuestras circunstancias, siempre existe la posibilidad de un mañana mejor.

Una de esas historias de aferrarse a la esperanza comienza con una mujer llamada Sarah. Sarah siempre había soñado con iniciar su propio negocio, pero como madre soltera luchando por llegar a fin de mes, su sueño parecía fuera de su alcance. Enfrentó innumerables obstáculos en el camino: dificultades financieras, auto dudas y los detractores que le decían que no se podía hacer.

Pero Sarah se negó a renunciar a la esperanza. Sabía en lo más profundo de su ser que tenía la determinación, la visión y la fuerza para convertir su sueño en realidad. Y así, perseveró, trabajando incansablemente día y noche, sacrificando tiempo con su familia y amigos, y entregando todo su corazón y alma a su negocio.

Hubo momentos en los que Sarah estuvo tentada de rendirse, momentos en los que los desafíos parecían insuperables y el camino por delante parecía demasiado desalentador para recorrer. Pero cada vez, se recordaba a sí misma el poder de la esperanza: la creencia de que mientras mantuviera la esperanza, siempre habría posibilidad de éxito.

Y efectivamente, la perseverancia de Sarah valió la pena. Con pura determinación y una fe inquebrantable en sí misma, construyó su negocio desde cero, superando cada obstáculo que se interpuso en su camino. Hoy en día, el negocio de Sarah prospera, y ella sirve como inspiración para otros que se atreven a soñar en grande y aferrarse a la esperanza frente a la adversidad.

La historia de Sarah es solo una de muchas que ejemplifican el poder de la esperanza para guiarnos a través de los momentos más oscuros. Desde las profundidades de la desesperación hasta las alturas del triunfo, cada narrativa sirve como recordatorio de que mientras mantengamos la esperanza, siempre habrá posibilidad de un mañana más brillante.

Al reflexionar sobre las historias de aferrarse a la esperanza que se encuentran en estas páginas, que nos inspiremos a enfrentar nuestros propios desafíos con coraje y determinación, sabiendo que no importa cuán oscuro parezca el túnel, siempre habrá la luz de la esperanza brillando al final.

Capítulo 4

Actos valientes de supervivencia

El capítulo 4 de "Hacia el Mañana" aborda el tema de los valientes actos de supervivencia. Frente a la adversidad, cuando las probabilidades parecen insuperables y el peligro acecha en cada esquina, es la capacidad humana para el coraje la que brilla con más fuerza. En estas páginas, exploramos historias de individuos que han enfrentado situaciones de vida o muerte con valentía inquebrantable, resiliencia y la pura voluntad de sobrevivir.

Los valientes actos de supervivencia toman muchas formas, desde el heroísmo de los socorristas que corren hacia edificios en llama's para salvar vidas, hasta la fuerza tranquila de las personas que enfrentan pruebas y tribulaciones personales. Cada historia sirve como testimonio de la extraordinaria resiliencia del espíritu humano y la voluntad indomable de perseverar frente a probabilidades abrumadoras.

Al recorrer estas narrativas de supervivencia y coraje, que nos inspire la valentía y la resiliencia de aquellos que han enfrentado la adversidad de frente y han salido victoriosos. Pues en sus historias, encontramos no solo esperanza, sino también la profunda verdad de que incluso en nuestros momentos más oscuros, el espíritu humano es capaz de hazañas increíbles de coraje y fortaleza.

El Poder de los Instintos de Supervivencia: Relatos de Supervivencia

En el crisol de las pruebas más desgarradoras de la vida, existe una fuerza primordial que nos impulsa hacia adelante contra todo pronóstico: el poder de los instintos de supervivencia. "El Poder de los Instintos de Supervivencia: Relatos de Supervivencia" es un compendio de narrativas que iluminan la impresionante resiliencia del espíritu humano, mostrando historias de individuos que, cuando se enfrentaron a circunstancias que amenazaban su vida, convocaron el coraje, ingenio y pura voluntad para sobrevivir.

Los instintos de supervivencia están profundamente arraigados dentro de nosotros, un instinto primordial que se activa cuando nuestras vidas están en peligro, impulsándonos a superar obstáculos, soportar dificultades y luchar por nuestra existencia misma. Son las respuestas innatas que nos guían a través de los momentos más oscuros, instándonos a seguir adelante incluso cuando toda esperanza parece perdida.

Una historia de supervivencia comienza con una joven pareja, Alex y Emma, quienes se encontraron varados en la naturaleza después de que una excursión de senderismo saliera mal. Lo que comenzó como una caminata de día tranquila se convirtió rápidamente en una lucha por sobrevivir cuando una tormenta repentina los sorprendió, dejándolos perdidos, desorientados y mal preparados para enfrentar los elementos.

A medida que las horas se convirtieron en días, Alex y Emma enfrentaron numerosos desafíos, desde la escasez de alimentos y agua hasta terrenos traicioneros y mal tiempo. Sin embargo, a pesar de las abrumadoras probabilidades en su contra, se negaron a perder la esperanza.

Apelando a sus instintos de supervivencia, Alex y Emma idearon soluciones creativas para su predicamento, utilizando cualquier recurso que tuvieran a su disposición para mantenerse con vida. Construyeron refugios improvisados con ramas y hojas, buscaron plantas y bayas comestibles y se guiaron por las estrellas cuando todos los demás medios de navegación fallaron.

Pero quizás lo más importante, Alex y Emma confiaron en su determinación inquebrantable y su vínculo irrompible el uno con el otro para superar los momentos más oscuros. En momentos de desesperación, encontraron fuerza en la presencia del otro, obteniendo valor del amor y apoyo que compartían.

Después de varios días agotadores en la naturaleza, Alex y Emma finalmente fueron rescatados por un excursionista que pasaba y se topó con su campamento improvisado. Aunque físicamente exhaustos y emocionalmente agotados, estaban vivos, un testimonio del poder de los instintos de supervivencia y la fuerza del espíritu humano.

Su historia es solo una de las muchas que ejemplifican la notable resistencia del espíritu humano ante la adversidad. Desde las profundidades de la naturaleza salvaje hasta el corazón de las zonas de desastre, cada narrativa en "El Poder de los Instintos de Supervivencia: Relatos de Supervivencia" sirve como testimonio de la increíble capacidad del espíritu humano para soportar, adaptarse y superar incluso las circunstancias más adversas.

Los instintos de supervivencia no son solo una respuesta biológica, son un testimonio de la voluntad indomable del espíritu humano de perseverar ante probabilidades abrumadoras. Son un recordatorio de que incluso en nuestros momentos más oscuros, poseemos la fuerza y la resistencia para superar cualquier desafío que la vida nos presente.

Al reflexionar sobre las historias de supervivencia que se encuentran en estas páginas, que nos inspiremos en el coraje, la inventiva y la determinación inquebrantable de aquellos que han enfrentado la adversidad de frente y han salido victoriosos. Porque en sus historias, encontramos no solo esperanza, sino también la profunda verdad de que el espíritu humano es capaz de increíbles hazañas de coraje y fuerza cuando se enfrenta a la prueba definitiva: la prueba de la supervivencia.

Nota: Alex y Emma son personajes ficticios creados con el propósito de esta narrativa.

Contra Todo Pronóstico: Historias de Desafiar al Destino

En el vasto tapiz de la experiencia humana, hay momentos en los que la mano del destino parece estar lista para infligirnos un golpe demoledor, cuando las probabilidades están en nuestra contra y el camino hacia adelante parece infranqueable. Sin embargo, es precisamente en estos momentos de adversidad cuando el espíritu humano brilla con más fuerza, desafiando al destino y triunfando contra todo pronóstico. "Contra Todo Pronóstico: Historias de Desafiar al Destino" es una colección de narrativas que iluminan la impresionante resiliencia de individuos que han enfrentado desafíos aparentemente insuperables y han salido victoriosos, desafiando los dictados del destino y forjando sus propios destinos.

La vida está llena de incertidumbres: giros y vueltas, momentos de triunfo y momentos de desesperación. Sin embargo, es nuestra respuesta a estas incertidumbres lo que finalmente nos define, ya sea que sucumbamos a los caprichos del destino o nos elevemos por encima de ellos, decididos a abrir nuestro propio camino hacia adelante.

Una de esas historias de desafiar al destino comienza con una joven llamada Maya. Nacida en la pobreza en un barrio plagado de crimen, Maya enfrentó numerosos obstáculos desde una edad temprana, desde la violencia y la actividad pandillera hasta la falta de acceso a una educación y atención médica de calidad. Sin embargo, a pesar de las abrumadoras probabilidades en su contra, Maya se negó a ser definida por sus circunstancias.

Con una determinación inquebrantable y una creencia firme en sí misma, Maya se propuso desafiar los dictados del destino y crear una vida mejor para ella y su familia. Trabajó en varios empleos, ahorró cada centavo que pudo y se dedicó a sus estudios con una pasión y dedicación que no conocían límites.

Con pura fuerza de voluntad y perseverancia, Maya desafió las expectativas de quienes la rodeaban, obteniendo becas para asistir a la universidad y eventualmente siguiendo una carrera en derecho. En el camino, enfrentó innumerables obstáculos y contratiempos, pero se negó a ser disuadida, sacando inspiración de las luchas de su pasado y utilizándolas como combustible para sus sueños.

Hoy, Maya se erige como un faro de esperanza e inspiración para otros que enfrentan desafíos similares. A través de su trabajo como abogada, ha dedicado su vida a abogar por aquellos que han sido marginados y oprimidos, utilizando sus propias experiencias para empatizar con los clientes y luchar por la justicia en su nombre.

La historia de Maya es solo una de muchas que ejemplifican el poder del espíritu humano para desafiar al destino y forjar su propio destino. Desde las profundidades de la pobreza y la desesperación hasta las alturas del éxito y la realización, cada narrativa en "Contra Todo Pronóstico: Historias de Desafiar al Destino" sirve como testimonio de la increíble resistencia del espíritu humano ante la adversidad.

Al reflexionar sobre estas historias de triunfo sobre la adversidad, que nos inspire el coraje, la resistencia y la determinación inquebrantable de aquellos que han desafiado los dictados del destino y han salido victoriosos. Porque en sus historias, encontramos no solo esperanza, sino también la profunda verdad de que el espíritu humano es capaz de superar incluso los desafíos más difíciles y dar forma a su propio destino.

Encontrando Fortaleza en la Adversidad: Actos Valientes de Supervivencia

En el crisol de los desafíos más difíciles de la vida, existe una notable resiliencia dentro del espíritu humano, una resiliencia que nos permite encontrar fuerza frente a la adversidad, convocar coraje cuando todo parece perdido y perseverar contra probabilidades inimaginables. "Encontrando Fortaleza en la Adversidad: Actos Valientes de Supervivencia" es un testimonio de esta resiliencia, mostrando historias de individuos que, cuando se enfrentaron a situaciones de vida o muerte, encontraron dentro de sí mismos el coraje, la ingeniosidad y la determinación absoluta para sobrevivir.

La adversidad se presenta en muchas formas, desde desastres naturales y accidentes hasta tragedias personales y crisis inesperadas. Sin embargo, en cada instancia, yace la oportunidad de crecimiento, transformación y el descubrimiento de la fuerza interior.

Una historia de encontrar fortaleza en la adversidad comienza con una familia atrapada en medio de un devastador huracán. Mientras la tormenta se abatía sobre su comunidad costera con una intensidad feroz, la familia se enfrentaba a la posibilidad muy real de perder todo lo que apreciaban.

En el caos y la incertidumbre de la tormenta, los instintos de supervivencia de la familia entraron en acción, impulsándolos a actuar mientras trabajaban juntos para asegurar su hogar, reunir suministros de emergencia y buscar refugio del peligro inminente. Pero a medida que los vientos aullaban y las aguas de inundación subían, pronto quedó claro que sus preparativos no serían suficientes para resistir la fuerza total de la tormenta.

Durante horas, la familia se acurrucó en su refugio improvisado, con el corazón palpitante de miedo mientras escuchaban la furia de la tormenta rugiendo afuera. Sin embargo, en medio del caos y la destrucción, encontraron fuerza en la presencia del otro, obteniendo coraje del conocimiento de que no estaban solos en su lucha por sobrevivir.

Cuando la tormenta finalmente comenzó a calmarse y las aguas retrocedieron, la familia emergió de su refugio golpeada pero viva, un testimonio del poder de la resiliencia y la capacidad humana para sobrevivir frente a la adversidad.

Su historia es solo una de muchas que ejemplifican la extraordinaria resiliencia del espíritu humano frente a la adversidad. Desde las profundidades de la desesperación hasta las alturas del triunfo, cada narrativa en "Encontrando Fortaleza en la Adversidad: Actos Valientes de Supervivencia" sirve como recordatorio de que incluso en nuestros momentos más oscuros, poseemos la fuerza y la determinación para superar cualquier desafío que la vida nos presente.

Capítulo 5
Sanación y Crecimiento Después del Trauma

El Capítulo 5 de "Hacia el Mañana" explora el tema de la sanación y el crecimiento después del trauma. En el resurgir de experiencias que alteran la vida, ya sean físicas, emocionales o psicológicas, el camino hacia la sanación y el crecimiento puede ser arduo y complejo. Sin embargo, dentro de las profundidades del trauma yace el potencial de transformación: un viaje de autodescubrimiento, resiliencia y, en última instancia, renovación.

El trauma tiene un impacto profundo en todos los aspectos de nuestro ser: nuestros pensamientos, emociones y comportamientos. Puede dejarnos sintiéndonos rotos, perdidos y abrumados, mientras luchamos por dar sentido al dolor y sufrimiento que hemos soportado. Sin embargo, en medio de la oscuridad, existe un destello de esperanza: la creencia de que con el tiempo, el apoyo y la autorreflexión, podemos salir de las sombras del trauma más fuertes, más sabios y más resilientes que nunca.

En este capítulo, exploramos historias de individuos que han navegado por las aguas tumultuosas del trauma y han emergido al otro lado con un nuevo sentido de propósito, significado y paz interior. Estas son historias de coraje, perseverancia y el espíritu humano indomable que se eleva por encima de la adversidad para abrazar la promesa de un mañana más brillante.

Mientras viajamos a través de estas narrativas de sanación y crecimiento, que nos inspire la resiliencia del espíritu humano y la capacidad de transformación que reside en cada uno de nosotros. Porque en el resurgir del trauma, existe la oportunidad de renovación: una oportunidad para reclamar nuestras vidas, nuestras identidades y nuestro sentido de integridad frente a la adversidad.

El Viaje hacia la Sanación: Superando el Trauma

Tras el trauma, el camino hacia la sanación suele estar marcado por el dolor, la confusión y un profundo sentido de desconexión de uno mismo y del mundo. Sin embargo, dentro de las profundidades del trauma yace el potencial para una transformación profunda: un viaje de autodescubrimiento, resiliencia y, en última instancia, sanación. "El Viaje hacia la Sanación: Superando el Trauma" es un testimonio de la notable resiliencia del espíritu humano, mostrando historias de individuos que han navegado por las aguas tumultuosas del trauma y han emergido al otro lado con un nuevo sentido de fuerza, propósito y paz interior.

El trauma se presenta de muchas formas, desde lesiones físicas y accidentes hasta abusos emocionales y angustia psicológica. Sin importar su origen, el trauma tiene un impacto profundo en todos los aspectos de nuestro ser: nuestros pensamientos, emociones y comportamientos. Puede dejarnos sintiéndonos destrozados, rotos y abrumados, mientras luchamos por dar sentido al dolor y sufrimiento que hemos soportado.

Una historia de superación del trauma comienza con una mujer llamada Sarah. Desde una edad temprana, Sarah experimentó abuso emocional a manos de un miembro de su familia, dejando cicatrices profundas que la perseguirían durante años. A medida que crecía, el trauma de su pasado la seguía como una sombra, arrojando una nube oscura sobre todos los aspectos de su vida.

Durante años, Sarah luchó por aceptar el dolor y el sufrimiento que había soportado, enterrando su trauma profundamente en su interior en un intento de adormecer el dolor. Sin embargo, no importaba cuánto intentara suprimir sus emociones, el trauma seguía resurgiendo, manifestándose en pesadillas, ataques de pánico y un sentido pervasivo de miedo y ansiedad.

No fue hasta que Sarah alcanzó un punto de quiebre, un momento de profunda desesperación que la dejó sintiéndose completamente desesperada y sola, que se dio cuenta de que ya no podía seguir ignorando el trauma de su pasado. Con el apoyo de un terapeuta y una red de apoyo dedicada, Sarah comenzó el largo y arduo camino hacia la sanación.

A través de la terapia, la auto-reflexión y una voluntad de enfrentar su pasado de frente, Sarah comenzó lentamente a desenredar la maraña de trauma que la había atrapado durante tanto tiempo. Aprendió a reconocer y desafiar las creencias y patrones de pensamiento negativos que la habían mantenido atrapada en un ciclo de dolor y sufrimiento, y comenzó a cultivar un nuevo sentido de compasión y autoaceptación.

A medida que Sarah se adentraba más en su viaje de sanación, descubría una fortaleza dentro de sí misma que nunca supo que existía, una fuerza nacida de las cenizas de sus traumas pasados, y alimentada por un nuevo sentido de propósito y resistencia. Con cada día que pasaba, se hacía más fuerte y más resiliente, recuperando su vida y su sentido de identidad en el proceso.

Hoy, Sarah se erige como un testimonio del poder de la resiliencia y la capacidad de sanación que reside dentro de cada uno de nosotros. A través de su viaje de superación del trauma, no solo ha recuperado su vida, sino que también ha descubierto un sentido de paz, propósito y fuerza interior que nunca pensó posible.

"El Viaje hacia la Sanación: Superando el Trauma" es una celebración del espíritu humano, un recordatorio de que incluso en nuestros momentos más oscuros, existe el potencial para una transformación profunda y la sanación. Mientras reflexionamos sobre las historias de resiliencia y valentía que se encuentran en estas páginas, que nos inspiremos a enfrentar nuestros propios traumas con coraje y determinación, sabiendo que con el tiempo, el apoyo y la autorreflexión, nosotros también podemos encontrar nuestro camino hacia la sanación y la plenitud.

Nota: Sarah es un personaje ficticio creado con el propósito de esta narrativa.

Abrazando el Cambio: Crecimiento Después de la Adversidad

La vida es un viaje lleno de giros y vueltas, altibajos, triunfos y tribulaciones. En el camino, inevitablemente nos encontramos con la adversidad: desafíos que ponen a prueba nuestra determinación, sacuden nuestros cimientos y nos obligan a confrontar las realidades incómodas del cambio. Sin embargo, dentro del crisol de la adversidad yace el potencial para un crecimiento y una transformación profundas; un viaje de autodescubrimiento, resiliencia y, en última instancia, aceptación. "Abrazando el Cambio: Crecimiento Después de la Adversidad" es un testimonio de la notable resiliencia del espíritu humano, mostrando historias de individuos que han navegado las aguas turbulentas de la adversidad y emergido del otro lado con un nuevo sentido de fuerza, sabiduría y propósito.

El cambio es una constante en la vida, una fuerza inevitable que da forma a nuestras experiencias, nuestras relaciones y nuestras identidades. Sin embargo, con demasiada frecuencia, resistimos al cambio, aferrándonos a lo conocido y lo cómodo, incluso cuando ya no nos sirve. Solo cuando abrazamos el cambio de todo corazón, cuando nos sumergimos en la incomodidad, la incertidumbre y el miedo, es cuando realmente podemos comenzar a crecer y evolucionar como individuos.

Una historia de crecimiento después de la adversidad comienza con un hombre llamado James. Durante años, James vivió una vida de comodidad y complacencia, contento de transitar por la vida sin desafiarse a sí mismo o salir de su zona de confort. Sin embargo, en lo más profundo, sentía un molesto sentido de insatisfacción, un anhelo de algo más, algo más grande que la rutina mundana de su existencia diaria.

No fue hasta que James experimentó una serie de contratiempos y dificultades: la pérdida de un ser querido, el fin de una relación de larga duración y la convulsión de su carrera, que se dio cuenta del verdadero poder del cambio. Frente a la adversidad, James se vio obligado a enfrentar sus propias limitaciones, a cuestionar sus creencias y suposiciones, y a reevaluar sus prioridades en la vida.

Al principio, James resistió al cambio, aferrándose desesperadamente a lo conocido y lo cómodo, incluso cuando se desmoronaba a su alrededor. Sin embargo, mientras viajaba por las profundidades de su propia desesperación, comenzó a reconocer el potencial transformador de la adversidad, la oportunidad de crecimiento, autodescubrimiento y renovación.

Con cada día que pasaba, James abrazaba el cambio más plenamente, sumergiéndose en la incomodidad y la incertidumbre con un nuevo sentido de valentía y determinación. Buscaba nuevas oportunidades para el crecimiento personal y profesional, empujándose más allá de su zona de confort y desafiándose a sí mismo para convertirse en la mejor versión de sí mismo.

A través de su viaje de crecimiento después de la adversidad, James descubrió una fortaleza dentro de sí mismo que nunca supo que existía, una fuerza nacida de las cenizas de sus luchas pasadas, y alimentada por un nuevo sentido de propósito y resiliencia. Aprendió a abrazar el cambio como un catalizador para el crecimiento, en lugar de una amenaza a temer, y emergió en el otro lado más fuerte, más sabio y más resistente que nunca.

Hoy, James se erige como testimonio del poder de la resiliencia y la capacidad de crecimiento que yace dentro de cada uno de nosotros. A través de su viaje de abrazar el cambio, no solo ha transformado su propia vida, sino que también ha inspirado a otros a enfrentar los desafíos y las incertidumbres de la vida con valentía y determinación.

"Abrazar el Cambio: Crecimiento Después de la Adversidad" es una celebración del espíritu humano, un recordatorio de que incluso en nuestros momentos más oscuros, existe el potencial para una transformación y renovación profundas. Al reflexionar sobre las historias de resiliencia y coraje que se encuentran dentro de estas páginas, que seamos inspirados a enfrentar nuestras propias adversidades con gracia y resiliencia, sabiendo que con el tiempo, el apoyo y la auto-reflexión, también podemos encontrar nuestro camino hacia el crecimiento y la integridad.

De Dolor a Propósito: Encontrando Significado en el Trauma

En las profundidades del trauma, en medio del dolor y el sufrimiento que amenaza con consumirnos, existe una profunda oportunidad de transformación, un viaje de autodescubrimiento, resiliencia y, en última instancia, encontrar significado y propósito. "De Dolor a Propósito: Encontrando Significado en el Trauma" es un testimonio de la notable resiliencia del espíritu humano, mostrando historias de individuos que han navegado por las más oscuras profundidades del trauma y emergido al otro lado con un nuevo sentido de propósito, pasión y paz interior.

El trauma tiene el poder de sacudirnos hasta lo más profundo, dejando cicatrices que son profundas y heridas que parecen imposibles de sanar. Sin embargo, dentro del crisol del trauma yace el potencial para un crecimiento y transformación profundos, una oportunidad para enfrentar nuestro dolor, dar sentido a nuestro sufrimiento y encontrar significado y propósito frente a la adversidad.

Una historia de encontrar significado en el trauma comienza con una mujer llamada Emily. Desde una edad temprana, Emily experimentó un trauma indecible a manos de un progenitor abusivo, dejándola con cicatrices emocionales profundas que la perseguirían durante años. Durante décadas, Emily luchó por dar sentido al dolor y sufrimiento que había soportado, enterrando su trauma profundamente en su interior en un intento de amortiguar el dolor.

No fue hasta que Emily alcanzó un punto crítico, un momento de profunda desesperación que la dejó sintiéndose completamente desesperanzada y sola, que se dio cuenta de que ya no podía seguir ignorando el trauma de su pasado. Con el apoyo de un terapeuta y una red de apoyo dedicada, Emily comenzó el largo y arduo viaje de sanación.

A través de la terapia, la auto-reflexión y la disposición para enfrentar su pasado de frente, Emily comenzó a desenredar la red enredada de trauma que la había atrapado durante tanto tiempo. Aprendió a reconocer y desafiar las creencias negativas y los patrones de pensamiento que la habían mantenido atrapada en un ciclo de dolor y sufrimiento, y comenzó a cultivar un nuevo sentido de compasión y autoaceptación.

A medida que Emily profundizaba en su viaje de sanación, descubrió una pasión por ayudar a otros que habían experimentado traumas similares. Se ofreció como voluntaria en un centro de crisis local, ofreciendo apoyo y orientación a sobrevivientes de abuso y trauma, y se convirtió en una defensora activa de los derechos de los sobrevivientes.

A través de su trabajo con sobrevivientes, Emily encontró un sentido de propósito y significado que le había eludido durante tanto tiempo. Se dio cuenta de que sus propias experiencias de trauma la habían dotado de una perspectiva e intuición únicas que podía utilizar para marcar la diferencia en las vidas de los demás. Y al ayudar a otros a encontrar sanación e integridad, Emily encontró sanación e integridad para sí misma.

Hoy, Emily se erige como un testimonio del poder de la resiliencia y la capacidad de encontrar significado frente al trauma. A través de su viaje de transformación, no solo ha recuperado su vida, sino que también ha descubierto un sentido de propósito, pasión y paz interior que nunca pensó posible.

"De Dolor a Propósito: Encontrar Significado en el Trauma" es una celebración del espíritu humano, un recordatorio de que incluso en nuestros momentos más oscuros, existe el potencial para una transformación profunda y renovación. Mientras reflexionamos sobre las historias de resiliencia y valentía que se encuentran en estas páginas, que nos inspiremos para enfrentar nuestros propios traumas con coraje y determinación, sabiendo que con el tiempo, el apoyo y la auto-reflexión, también podemos encontrar nuestro camino hacia la sanación, el propósito y la integridad.

Nota: Emily es un personaje ficticio creado con el propósito de esta narrativa.

Capítulo 6
Resiliencia en Medio de la Crisis

El capítulo 6 de "Hacia el Mañana" explora el tema de la resiliencia en medio de la crisis. En tiempos de turbulencia, incertidumbre y convulsión, es la capacidad humana de resiliencia la que sirve como una luz guía, iluminando el camino hacia adelante y empoderándonos para sobrellevar incluso las tormentas más formidables. "Resiliencia en Medio de la Crisis" es una colección de narrativas que celebran el espíritu indomable de individuos que han enfrentado la adversidad de frente y han emergido más fuertes, sabios y resistentes que nunca.

La crisis se presenta en muchas formas, desde desastres naturales y pandemias globales hasta tragedias personales e inesperados contratiempos. Sin embargo, sin importar su origen, la crisis tiene una manera de poner a prueba nuestra determinación, desafiar nuestras creencias y llevarnos al límite de nuestras limitaciones. Es en estos momentos de crisis que se revela la verdadera medida de nuestra resiliencia: nuestra capacidad de adaptarnos, perseverar y encontrar esperanza ante la desesperación.

En este capítulo, exploramos historias de resiliencia en medio de la crisis, destacando el extraordinario coraje, fuerza y determinación de individuos que se han negado a ser derrotados por los desafíos que han enfrentado. Desde las profundidades de la desesperación hasta las cimas del triunfo, cada narrativa sirve como un testimonio del poder de la resiliencia para transformar la adversidad en oportunidad, y la crisis en crecimiento.

Afrontando la Tormenta: Resiliencia en la Crisis

En los turbulentos mares de la vida, cuando los vientos de la adversidad aúllan y las olas de la incertidumbre chocan a nuestro alrededor, es la resiliencia la que sirve como nuestro ancla, manteniéndonos firmes en medio del caos y guiándonos seguramente a través de la tormenta. "Afrontando la Tormenta: Resiliencia en la Crisis" es un testimonio de la notable fuerza del espíritu humano, mostrando historias de individuos que han enfrentado desafíos inimaginables y han surgido del otro lado con un renovado sentido de resiliencia, coraje y esperanza.

La crisis viene en muchas formas, desde desastres naturales y pandemias globales hasta tragedias personales e contratiempos inesperados. Sin embargo, independientemente de su origen, la crisis tiene una forma de sacudirnos hasta nuestro núcleo, poner a prueba nuestra determinación y empujarnos al borde de nuestras limitaciones. Es en estos momentos de crisis donde se revela la verdadera medida de nuestra resiliencia: nuestra capacidad para adaptarnos, perseverar y encontrar esperanza en medio de la desesperación.

Una historia de resiliencia en medio de la crisis comienza con una comunidad devastada por un desastre natural. En el resurgimiento de un poderoso huracán, el pequeño pueblo costero de River town quedó en ruinas: hogares destruidos, medios de vida perdidos y vidas destrozadas por la furia de la tormenta. A medida que las aguas de inundación retrocedían y se hacía evidente la magnitud del daño, los residentes de River town enfrentaban un futuro incierto, sin saber cómo reconstruirían sus vidas desde las cenizas de su existencia anterior.

Sin embargo, en medio de los escombros y la desesperación, comenzó a emerger un notable espíritu de resiliencia. En los días y semanas siguientes al desastre, la gente de River town se unió en una muestra de solidaridad y fuerza, apoyándose mutuamente y ofreciendo ayuda de cualquier manera posible. Los vecinos ayudaron a limpiar los escombros, los voluntarios distribuyeron alimentos y suministros a los necesitados, y las empresas locales donaron recursos para ayudar en el esfuerzo de recuperación.

Mientras la comunidad trabajaba incansablemente para reconstruir su pueblo, comenzó a arraigarse un sentido de resiliencia, una creencia de que, por más devastadora que hubiera sido la tormenta, no serían derrotados. Encontraron fuerza mutua, hallando consuelo en la experiencia compartida de la adversidad y en la determinación colectiva de superarla.

Ante desafíos aparentemente insuperables, los habitantes de River town se negaron a ser definidos por sus circunstancias. En cambio, optaron por abrazar la oportunidad de crecimiento y renovación que presentaba la crisis, viéndola no como un revés, sino como un peldaño hacia un futuro más brillante.

A través de su resiliencia y determinación, la comunidad de River town comenzó a reconstruir su pueblo desde cero. Construyeron nuevos hogares, revitalizaron negocios e implementaron medidas para prepararse mejor ante futuros desastres. En el camino, descubrieron un renovado sentido de unidad, propósito y resiliencia, cualidades que les servirían bien en los años venideros.

La historia de River town es solo uno de muchos ejemplos de resiliencia en medio de la crisis. Desde las líneas del frente de los trabajadores de la salud luchando contra una pandemia global hasta las luchas personales de individuos que superan la adversidad en sus propias vidas, cada narrativa sirve como un testimonio de la extraordinaria capacidad del espíritu humano para resistir, adaptarse y prosperar frente a la adversidad.

Al reflexionar sobre estas historias de resiliencia en la crisis, que nos inspire el coraje, la fuerza y la determinación inquebrantable de quienes han enfrentado desafíos inimaginables y han salido victoriosos. Porque en sus historias encontramos no solo esperanza, sino también la profunda verdad de que incluso en los momentos más oscuros, el espíritu humano es capaz de hazañas increíbles de resiliencia, coraje y esperanza.

Encontrando Calma en el Caos: Navegando la Crisis con Gracia

En medio del caos, cuando el mundo parece salirse de control y la incertidumbre se cierne en el horizonte, encontrar calma en medio de la tormenta puede parecer una tarea imposible. Sin embargo, es precisamente en estos momentos de crisis cuando la necesidad de paz interior y serenidad se vuelve más apremiante. "Encontrando Calma en el Caos: Navegando la Crisis con Gracia" es una colección de narrativas que iluminan el poder de la gracia: la capacidad de mantener la compostura, la claridad y la ecuanimidad frente a la adversidad.

La crisis se presenta de muchas formas, desde desastres naturales y pandemias globales hasta tragedias personales e imprevistos inesperados. Sin embargo, independientemente de su origen, la crisis tiene una forma de poner a prueba nuestra determinación, desafiar nuestras creencias y llevarnos al límite de nuestras limitaciones. Es en estos momentos de crisis donde se revela la verdadera medida de nuestra gracia: nuestra capacidad para navegar las turbulentas aguas de la adversidad con serenidad, dignidad y resiliencia.

Una historia de cómo navegar la crisis con gracia comienza con una mujer llamada Mia. Mia era una exitosa empresaria, prosperando en su carrera y disfrutando de los frutos de su trabajo. Sin embargo, cuando llegó una repentina recesión económica, Mia se encontró enfrentando la perspectiva de la ruina financiera. Con su negocio tambaleándose y su sustento en juego, Mia fue consumida por el miedo, la ansiedad y la incertidumbre.

En medio de su turbulencia, Mia se dio cuenta de que tenía una opción: podía permitir que el caos y la desesperación la arrastraran, o podía optar por navegar la crisis con gracia y dignidad. Apoyándose en su fuerza interior y resiliencia, Mia tomó la decisión consciente de abrazar el desafío que tenía ante ella con coraje y determinación.

En lugar de sucumbir al pánico y la desesperación, Mia abordó la crisis con un sentido de calma y claridad, enfocándose en lo que podía controlar en lugar de obsesionarse con lo que no podía. Buscó apoyo en su red de contactos, buscó orientación de mentores y asesores, y diseñó un plan estratégico para superar la tormenta.

Mientras Mia navegaba la crisis con gracia, descubrió un nuevo sentido de resiliencia y paz interior. Aprendió a rendirse a la incertidumbre de la situación, confiando en sus propias habilidades y resiliencia para salir adelante. Y al hacerlo, encontró un sentido de liberación, una libertad del miedo y la ansiedad que una vez la habían tenido cautiva.

A través de su viaje de navegar la crisis con gracia, Mia emergió más fuerte, más sabia y más resiliente que nunca. Descubrió que la gracia no es una aceptación pasiva de las circunstancias, sino más bien una elección activa de responder a la adversidad con dignidad, compostura y resiliencia. Y al elegir la gracia, encontró la fuerza y la resiliencia para navegar incluso los tiempos más turbulentos con valentía y convicción.

La historia de Mia es solo uno de muchos ejemplos de cómo navegar una crisis con gracia. Desde las líneas del frente de los trabajadores de la salud que luchan contra una pandemia mundial hasta las luchas personales de individuos que superan la adversidad en sus propias vidas, cada narrativa sirve como testimonio del poder de la gracia para transformar el caos en calma, el miedo en valentía y la incertidumbre en oportunidad.

Al reflexionar sobre estas historias de cómo navegar una crisis con gracia, que nos inspiremos a cultivar nuestros propios reservorios internos de resiliencia, valentía y gracia. Porque al hacerlo, podemos atravesar incluso los momentos más desafiantes con dignidad, compostura y una determinación inquebrantable.

Responder a la Adversidad: El Arte de la Resiliencia

En el tapiz de la experiencia humana, la adversidad es un hilo inevitable, tejido en la tela de nuestras vidas con una complejidad que nos desafía a responder con resiliencia, fuerza y gracia. "Responder a la Adversidad: El Arte de la Resiliencia" es una celebración del espíritu humano, mostrando historias de individuos que han enfrentado desafíos inimaginables y han emergido del otro lado con un nuevo sentido de resiliencia, coraje y esperanza.

La adversidad viene en muchas formas, desde tragedias personales y contratiempos inesperados hasta crisis globales y desastres naturales. Sin embargo, independientemente de su origen, la adversidad tiene una forma de poner a prueba nuestra determinación, empujándonos al límite de nuestras limitaciones y desafiándonos a superar las circunstancias que amenazan con frenarnos.

Una de esas historias de resiliencia frente a la adversidad comienza con un hombre llamado David. David era un joven atleta prometedor, destinado a la grandeza en la cancha de baloncesto. Sin embargo, cuando una lesión devastadora lo dejó fuera del juego que amaba, los sueños de David se desmoronaron en un instante. Frente a la perspectiva de nunca más poder jugar al baloncesto, David fue consumido por el miedo, la duda y la incertidumbre.

En las profundidades de su desesperación, David se dio cuenta de que tenía una elección: podía permitir que sus circunstancias lo definieran, o podía optar por responder a la adversidad con resiliencia, determinación y gracia. Apoyándose en su fuerza interior y en su firme determinación, David tomó la decisión consciente de abrazar el desafío ante él como una oportunidad de crecimiento y transformación.

En lugar de renunciar a sus sueños, David se comprometió con un riguroso programa de rehabilitación, decidido a desafiar las probabilidades y recuperar su lugar en la cancha de baloncesto. A través de incontables horas de terapia física, entrenamiento mental y pura determinación, David comenzó a reconstruir su cuerpo y su espíritu, paso a paso.

Mientras David viajaba por las profundidades de su adversidad, descubrió un nuevo sentido de resiliencia y fuerza interior. Aprendió a abrazar la incertidumbre de sus circunstancias, confiando en sus propias habilidades y resiliencia para salir adelante. Y al hacerlo, encontró un sentido de liberación, una libertad del miedo y la duda que una vez lo habían mantenido cautivo.

A través de su viaje de responder a la adversidad con resiliencia, David emergió más fuerte, más sabio y más resiliente que nunca. Descubrió que la resiliencia no se trata solo de recuperarse de la adversidad, sino de crecer a través de ella, transformando el dolor en propósito y la lucha en fortaleza.

La historia de David es solo uno de muchos ejemplos de resiliencia ante la adversidad. Desde las líneas del frente de los trabajadores de la salud luchando contra una pandemia global hasta las luchas personales de individuos que superan la adversidad en sus propias vidas, cada narrativa sirve como un testimonio del poder de la resiliencia para transformar la adversidad en oportunidad y la dificultad en esperanza.

Al reflexionar sobre estas historias de resiliencia ante la adversidad, que nos inspiremos a cultivar nuestros propios depósitos internos de fuerza, coraje y resiliencia. Porque al hacerlo, podemos responder a los desafíos de la vida con gracia, determinación y resolución inquebrantable.

Nota: David es un personaje ficticio creado con el propósito de esta narrativa.

Capítulo 7
Lecciones Aprendidas de la Lucha

Capítulo 7 de "Hacia el Mañana" profundiza en las perspicaces lecciones obtenidas del crisol de la lucha. "Lecciones Aprendidas de la Lucha" es un testimonio de la resistencia del espíritu humano, mostrando historias de individuos que han enfrentado la adversidad directamente y han surgido con nueva sabiduría, fuerza y resiliencia.

Las luchas de la vida son inevitables, tejiéndose en la misma tela de nuestra existencia y desafiándonos a enfrentar nuestros miedos, dudas e inseguridades más profundos. Sin embargo, es dentro del crisol de la lucha donde descubrimos las lecciones más profundas: lecciones sobre resiliencia, coraje y el poder transformador de la adversidad.

En este capítulo, exploramos historias de triunfo y resiliencia, iluminando las perspicaces ideas obtenidas al navegar por los desafíos más desalentadores de la vida. Desde las profundidades de la desesperación hasta las cimas del triunfo, cada narrativa sirve como testimonio de la resiliencia del espíritu humano y la capacidad de crecimiento y transformación que reside en cada uno de nosotros.

Al recorrer estas historias de lucha y resiliencia, que nos inspire el coraje, la fuerza y la determinación inquebrantable de quienes han enfrentado la adversidad directamente y han surgido más fuertes, más sabios y más resilientes que nunca. Porque en sus historias, encontramos no solo esperanza, sino también la profunda verdad de que incluso en nuestros momentos más oscuros, existe el potencial de crecimiento, transformación y renovación.

Convertir las Luchas en Fortalezas: Lecciones en Resiliencia

La vida es un tapiz tejido con hilos de lucha y triunfo, desafío y crecimiento. En el crisol de la adversidad, donde los fuegos de la dificultad arden más intensamente, yace la oportunidad de forjar resiliencia, fuerza y sabiduría. "Convertir las Luchas en Fortalezas: Lecciones en Resiliencia" es un viaje al corazón de la resiliencia humana, mostrando historias de individuos que han convertido sus luchas más profundas en fuentes de fuerza, resiliencia e inspiración.

Las luchas vienen en formas diversas, desde contratiempos y fracasos personales hasta traumas y tragedias profundas. Sin embargo, independientemente de su origen, las luchas tienen el poder de moldearnos y transformarnos en las personas que estamos destinados a ser. Es a través de la adversidad que descubrimos nuestros reservorios internos de fuerza, coraje y resiliencia, cualidades que nos permiten enfrentar las tormentas de la vida con gracia y dignidad.

Una de esas historias de convertir las luchas en fortalezas comienza con una mujer llamada Maya. Maya creció en la pobreza, enfrentando innumerables obstáculos y dificultades desde una edad temprana. A pesar de sus difíciles circunstancias, Maya se negó a sucumbir ante la desesperación. En cambio, decidió enfrentar sus luchas de frente, usándolas como combustible para impulsarse hacia adelante.

A lo largo de su vida, Maya encontró innumerables contratiempos y desafíos, desde inestabilidad financiera hasta discriminación y prejuicios. Sin embargo, con cada obstáculo que enfrentaba, Maya emergía más fuerte, más resiliente y más determinada que nunca. Se negó a ser definida por sus circunstancias, eligiendo en cambio forjar su propio camino con coraje, determinación y resiliencia.

Mientras Maya atravesaba las pruebas y tribulaciones de la vida, descubrió el poder transformador de la resiliencia: la capacidad de superar la adversidad y surgir más fuerte al otro lado. Aprendió que la resiliencia no se trata de evitar las luchas, sino de enfrentarlas de frente con coraje y determinación. Se trata de convertir la adversidad en oportunidad y la debilidad en fortaleza.

A través de sus experiencias, Maya adquirió una comprensión profunda de las lecciones incrustadas en las luchas de la vida. Aprendió que cada obstáculo que enfrentaba era una oportunidad para crecer, una oportunidad para descubrir su fuerza interior y su resiliencia. Descubrió que la resiliencia no es un rasgo con el que nacemos, sino una habilidad que se puede cultivar y nutrir a través de la práctica y la perseverancia.

La historia de Maya es solo uno de muchos ejemplos de convertir las luchas en fortalezas. Desde las líneas del frente de los trabajadores de la salud que luchan contra una pandemia global hasta las luchas personales de individuos que superan la adversidad en sus propias vidas, cada narrativa sirve como testimonio del poder transformador de la resiliencia y las lecciones que podemos aprender de los momentos más desafiantes de la vida.

Al reflexionar sobre estas historias de resiliencia y fuerza, que nos inspiremos a enfrentar nuestras propias luchas con coraje y determinación. Porque en el crisol de la adversidad yace la oportunidad de forjar resiliencia, fuerza y sabiduría, cualidades que nos permiten navegar los desafíos de la vida con gracia, dignidad y una determinación inquebrantable.

Nota: Maya es un personaje ficticio creado con el propósito de esta narrativa.

Aprendiendo a Adaptarse: Sabiduría proveniente de la Adversidad

La vida es un viaje marcado por giros y vueltas, altibajos, triunfos y pruebas. Frente a la adversidad, a menudo se nos llama a adaptarnos, a encontrar nuevas formas de pensar, de ser y de navegar los desafíos que nos enfrentan. "Aprendiendo a Adaptarse: Sabiduría proveniente de la Adversidad" es un testimonio de la resiliencia del espíritu humano, mostrando historias de individuos que han aprendido a adaptarse y prosperar frente a la adversidad.

La adversidad viene en muchas formas, desde contratiempos personales y fracasos hasta traumas y tragedias profundas. Sin embargo, independientemente de su origen, la adversidad tiene el poder de moldearnos y transformarnos en las personas que estamos destinados a ser. Es a través de la adversidad que descubrimos nuestros reservorios internos de fuerza, coraje y resiliencia, cualidades que nos permiten enfrentar las tormentas de la vida con gracia y dignidad.

Una de esas historias de aprendizaje a adaptarse comienza con un hombre llamado Alex. Alex era un empresario exitoso, acostumbrado a una vida de comodidad y estabilidad. Sin embargo, cuando una repentina recesión económica amenazó con trastornar su sustento, Alex se encontró enfrentando un nivel de incertidumbre y agitación que nunca había experimentado antes.

Al principio, Alex resistió al cambio, aferrándose a lo conocido y confortable, incluso cuando se desmoronaba a su alrededor. Sin embargo, a medida que la realidad de su situación comenzó a hundirse en él, Alex se dio cuenta de que no tenía más opción que adaptarse, encontrar nuevas formas de pensar, nuevas formas de trabajar y nuevas formas de vivir para sobrevivir y prosperar en un mundo que cambia rápidamente.

Mientras Alex navegaba por los desafíos de su nueva realidad, descubrió el poder transformador de la adaptación, la habilidad de abrazar el cambio con una mente abierta y un corazón dispuesto. Aprendió que la adaptación no se trata de rendirse a las circunstancias, sino de encontrar soluciones creativas, forjar nuevos caminos y aprovechar las oportunidades para el crecimiento y la transformación.

A través de sus experiencias, Alex adquirió un nuevo aprecio por la sabiduría incrustada en la adversidad. Aprendió que la adversidad no es un obstáculo para evitar, sino un maestro para abrazar, una fuente de lecciones e ideas invaluables que nos permiten evolucionar y crecer como individuos.

La historia de Alex es solo uno de muchos ejemplos de aprender a adaptarse ante la adversidad. Desde las líneas del frente de los trabajadores de la salud luchando contra una pandemia global hasta las luchas personales de individuos que superan la adversidad en sus propias vidas, cada narrativa sirve como testimonio de la resiliencia del espíritu humano y el poder transformador de la adaptación.

Al reflexionar sobre estas historias de resiliencia y adaptación, que nos inspiremos a abrazar el cambio con valentía y determinación. Porque en el crisol de la adversidad yace la oportunidad de aprender, crecer y emerger más fuertes, más sabios y más resilientes que nunca antes.

Nota: Alex es un personaje ficticio creado con el propósito de esta narrativa.

Abrazando el Viaje: Lecciones de Vida desde la Adversidad

La vida es un viaje lleno de giros y vueltas, altibajos, alegrías y tristezas. En el camino, nos encontramos con la adversidad, desafíos que ponen a prueba nuestra resiliencia, sacuden nuestros cimientos y nos obligan a enfrentar las realidades incómodas del cambio. Sin embargo, dentro de la fragua de la adversidad yace la oportunidad de crecimiento, transformación y profundas lecciones de vida. "Abrazando el Viaje: Lecciones de Vida desde la Adversidad" es una celebración del espíritu humano, que muestra historias de personas que han aceptado los desafíos de la vida y han emergido del otro lado con sabiduría, fuerza y resiliencia.

La adversidad viene en muchas formas, desde contratiempos y fracasos personales hasta traumas y tragedias profundas. Sin importar su origen, la adversidad tiene el poder de moldearnos y transformarnos en las personas que estamos destinados a ser. Es a través de la adversidad que descubrimos nuestros reservorios internos de fuerza, coraje y resiliencia, cualidades que nos permiten navegar los desafíos de la vida con gracia y dignidad.

Una de esas historias de abrazar el viaje comienza con una mujer llamada Sarah. Sarah siempre había vivido una vida privilegiada, protegida de las duras realidades del mundo por su amorosa familia y su crianza privilegiada. Sin embargo, cuando la tragedia golpeó y Sarah se encontró enfrentando la pérdida repentina de un ser querido, su mundo se desmoronó en un instante.

En lo más profundo de su dolor, Sarah luchaba por darle sentido al dolor y sufrimiento que estaba experimentando. Sin embargo, con el tiempo y al comenzar a sanar, Sarah se dio cuenta de que su travesía a través de la adversidad le había enseñado valiosas lecciones sobre la resiliencia, la compasión y el verdadero significado de la vida.

A través de sus experiencias, Sarah aprendió a abrazar el viaje, a aceptar los altibajos, las alegrías y tristezas, y los desafíos y triunfos que vienen con vivir una vida plena y significativa. Descubrió que la adversidad no es un obstáculo que deba evitarse, sino un maestro que debe abrazarse, una fuente de lecciones e ideas invaluables que nos permiten crecer y evolucionar como individuos.

Al reflexionar sobre su travesía a través de la adversidad, Sarah descubrió un nuevo aprecio por la belleza y fragilidad de la vida. Aprendió a apreciar cada momento, a saborear cada experiencia y a encontrar alegría y significado incluso en los momentos más oscuros.

La historia de Sarah es solo uno de muchos ejemplos de abrazar el viaje frente a la adversidad. Desde las primeras líneas de los trabajadores de la salud luchando contra una pandemia mundial hasta las luchas personales de individuos que superan la adversidad en sus propias vidas, cada narrativa sirve como un testimonio de la resiliencia del espíritu humano y el poder transformador de abrazar los desafíos de la vida con un corazón abierto y un espíritu dispuesto.

Al reflexionar sobre estas historias de resiliencia y crecimiento, que nos inspiremos a abrazar el viaje de la vida con coraje, compasión y determinación inquebrantable. Porque en la fragua de la adversidad yace la oportunidad de aprender, crecer y surgir más fuertes, más sabios y más resilientes que nunca.

Capítulo 8
El Poder de la Perseverancia

Capítulo 8 de "Hacia el Mañana" explora la fuerza transformadora de la perseverancia ante la adversidad. "El Poder de la Perseverancia" es un testimonio de la determinación inquebrantable del espíritu humano, mostrando historias de individuos que han enfrentado desafíos aparentemente insuperables y perseverado contra viento y marea.

En el viaje de la vida, los obstáculos son inevitables y los contratiempos son parte del terreno. Sin embargo, es nuestra capacidad de perseverar, de superar la adversidad con determinación, resiliencia y firmeza, lo que en última instancia determina nuestro éxito y moldea nuestro destino.

La perseverancia no se trata solo de soportar las dificultades; se trata de abrazarlas como oportunidades de crecimiento y transformación. Se trata de convocar el coraje para enfrentar nuestros miedos, superar obstáculos y perseguir nuestros sueños con una resolución inquebrantable.

En este capítulo, profundizamos en las historias de aquellos que han aprovechado el poder de la perseverancia para superar la adversidad y alcanzar sus metas. Desde las profundidades de la desesperación hasta las cimas del triunfo, cada narrativa sirve como testimonio del espíritu indomable del alma humana y el extraordinario poder de la perseverancia para desafiar las probabilidades y cambiar el curso de nuestras vidas.

La Fuerza para Seguir Adelante: La Perseverancia en Acción

En el tapiz de la experiencia humana, la adversidad a menudo se presenta como un obstáculo formidable: una montaña que escalar, un río que cruzar, un bloqueo en el camino hacia nuestros sueños. Sin embargo, es ante la adversidad donde se revela el verdadero poder de la perseverancia: la determinación inquebrantable de seguir adelante, incluso cuando el camino por delante parece largo y peligroso. "La Fuerza para Seguir Adelante: La Perseverancia en Acción" es una celebración del espíritu humano, mostrando historias de personas que han convocado la fuerza para perseverar ante la adversidad y salir victoriosas contra todo pronóstico.

La perseverancia no se trata solo de resistencia; se trata de resiliencia, coraje y una creencia inquebrantable en uno mismo y en las propias habilidades. Se trata de negarse a ser definido por nuestras circunstancias y, en cambio, elegir superarlas con gracia, dignidad y determinación inquebrantable.

Una de esas historias de perseverancia en acción comienza con un hombre llamado James. James siempre había soñado con convertirse en un empresario exitoso, pero su viaje estaba lejos de ser fácil. Criado en un hogar de bajos ingresos, James enfrentó innumerables obstáculos y contratiempos en el camino, desde luchas financieras hasta contratiempos personales y autodudas.

A pesar de los desafíos que enfrentaba, James se negó a renunciar a sus sueños. Sabía que el éxito no llegaría fácilmente, pero estaba decidido a perseverar, sin importar los obstáculos que se interpusieran en su camino. Con determinación, valentía y una creencia inquebrantable en sí mismo, James emprendió su viaje empresarial, enfrentando cada desafío con coraje y resiliencia.

En el camino, James encontró numerosos contratiempos y fracasos, desde negocios fallidos hasta pérdidas financieras y decepciones personales. Sin embargo, en lugar de permitir que estos contratiempos lo desanimaran, James los utilizó como combustible para impulsarse hacia adelante, aprendiendo valiosas lecciones de cada experiencia y utilizándolas para informar sus decisiones futuras.

A través de su perseverancia inquebrantable, James finalmente encontró el éxito como empresario, construyendo un próspero negocio desde cero y alcanzando sus sueños de toda la vida. Pero quizás aún más importante, descubrió un nuevo sentido de fuerza y resiliencia dentro de sí mismo: una creencia de que no importa qué desafíos la vida le presente, tiene la fuerza y el coraje para superarlos.

La historia de James es solo uno de muchos ejemplos de perseverancia en acción. Desde las líneas del frente de los trabajadores de la salud que luchan contra una pandemia global hasta las luchas personales de individuos que superan la adversidad en sus propias vidas, cada narrativa sirve como un testimonio del extraordinario poder de la perseverancia para desafiar las probabilidades y cambiar el curso de nuestras vidas.

Al reflexionar sobre estas historias de perseverancia y resiliencia, que nos inspiremos a convocar la fuerza para seguir adelante frente a la adversidad, sabiendo que con perseverancia, determinación y una resolución inquebrantable, podemos superar cualquier obstáculo y alcanzar nuestros sueños.

Nota: James es un personaje ficticio creado con el propósito de esta narrativa.

Resistencia ante la Dificultad: Historias de Perseverancia

La vida es un viaje lleno de pruebas y tribulaciones, desafíos y contratiempos que ponen a prueba los límites de nuestra resistencia y perseverancia. Ante la dificultad, es la capacidad humana para la perseverancia la que brilla con más intensidad: la determinación inquebrantable de seguir adelante, de luchar, incluso cuando las probabilidades están en nuestra contra. "Resistencia ante la Dificultad: Historias de Perseverancia" es un testimonio del espíritu indomable del alma humana, mostrando narrativas de individuos que han superado la adversidad mediante la pura perseverancia y la determinación inquebrantable.

La perseverancia no se trata solo de soportar las adversidades; se trata de encontrar fuerza en medio de la dificultad, valentía frente al miedo y esperanza en las profundidades de la desesperación. Se trata de negarse a ser definido por nuestras circunstancias y, en cambio, elegir superarlas con gracia, dignidad y determinación inquebrantable.

Una historia de perseverancia comienza con una mujer llamada Elena. Elena creció en la pobreza, enfrentando numerosos desafíos y obstáculos desde una edad temprana. A pesar de la adversidad que enfrentaba, Elena nunca perdió de vista sus sueños y aspiraciones. Sabía que el éxito no vendría fácilmente, pero estaba decidida a perseverar, sin importar los obstáculos que se interpusieran en su camino.

A lo largo de su viaje, Elena se encontró con innumerables contratiempos y fracasos, desde luchas financieras hasta decepciones personales y autodudas. Sin embargo, en lugar de permitir que estos desafíos la desanimaran, Elena los utilizó como combustible para seguir adelante, aprendiendo valiosas lecciones de cada experiencia y utilizando estas lecciones para informar sus decisiones futuras.

Uno de los desafíos más difíciles que enfrentó Elena fue cuando perdió su trabajo durante una recesión. Con facturas acumulándose y sin fuente de ingresos, Elena podría haber caído fácilmente en la desesperación. Pero en cambio, optó por ver este contratiempo como una oportunidad para el crecimiento y la transformación. Se dedicó a perfeccionar sus habilidades, establecer contactos con otros en su campo y explorar nuevas oportunidades para el avance profesional.

A pesar de enfrentar rechazo tras rechazo, Elena se negó a rendirse. Continuó perseverando, enviando solicitudes de empleo, asistiendo a entrevistas y aprovechando cada oportunidad que se presentaba. Y eventualmente, su perseverancia dio sus frutos: consiguió un nuevo trabajo que no solo proporcionaba estabilidad financiera, sino que también le permitía seguir su pasión y cumplir su potencial.

A través de su viaje de resistencia frente a la dificultad, Elena descubrió un nuevo sentido de fuerza y resiliencia dentro de sí misma. Aprendió que no importa cuán difícil parezca el camino, ella tiene el poder dentro de ella para superar cualquier obstáculo y alcanzar sus sueños. Y al hacerlo, inspiró a otros a perseverar frente a sus propios desafíos, mostrándoles que con determinación, coraje y resolución inquebrantable, todo es posible.

La historia de Elena es solo uno de muchos ejemplos de perseverancia en acción. Desde las líneas del frente de los trabajadores de la salud luchando contra una pandemia global hasta las luchas personales de individuos superando la adversidad en sus propias vidas, cada narrativa sirve como testimonio del extraordinario poder de la perseverancia para desafiar las probabilidades y cambiar el curso de nuestras vidas.

Al reflexionar sobre estas historias de perseverancia y resiliencia, que nos inspiremos a convocar la fuerza para soportar frente a la dificultad, sabiendo que con perseverancia, determinación y resolución inquebrantable, podemos superar cualquier obstáculo y alcanzar nuestros sueños.

Nota: Elena es un personaje ficticio creado con el propósito de esta narrativa.

Nunca Rendirse: La Resiliencia de la Perseverancia

En el tapiz de la experiencia humana, hay hilos de lucha y resiliencia, desafíos y triunfos, contratiempos y perseverancia. En el corazón de este tapiz yace la determinación inquebrantable del espíritu humano: la resiliencia de la perseverancia que se niega a ceder, incluso ante los obstáculos más desalentadores. "Nunca Rendirse: La Resiliencia de la Perseverancia" es una celebración de este espíritu indomable, mostrando historias de individuos que han enfrentado la adversidad con una resolución inquebrantable y han salido victoriosos contra todo pronóstico.

La perseverancia es una cualidad que trasciende el mero aguante; es una fuerza de resiliencia, coraje y tenacidad que nos capacita para seguir adelante, incluso cuando el camino por delante parece oscuro e incierto. Es un rechazo a ser definido por nuestras circunstancias, un compromiso con nuestros objetivos y sueños, y una creencia inquebrantable en nuestra capacidad para superar cualquier desafío que la vida nos depare.

Una de esas historias de perseverancia comienza con una mujer llamada Maya. Maya creció en un pueblo pequeño, enfrentando numerosos desafíos y obstáculos desde una edad temprana. Su familia luchaba para llegar a fin de mes, y Maya a menudo se encontraba cargando con el peso de sus dificultades financieras. Sin embargo, a pesar de la adversidad que enfrentaba, Maya se negaba a sucumbir al desaliento. Sabía que el éxito no llegaría fácilmente, pero estaba decidida a perseverar, sin importar los obstáculos que se interpusieran en su camino.

A lo largo de su camino, Maya se enfrentó a innumerables contratiempos y fracasos, desde dificultades financieras hasta decepciones personales y auto dudas. Sin embargo, en lugar de permitir que estos desafíos la desanimaran, Maya los utilizó como combustible para impulsarse hacia adelante, aprendiendo valiosas lecciones de cada experiencia y utilizándolas para orientar sus decisiones futuras.

Uno de los desafíos más difíciles que Maya enfrentó fue cuando perdió su trabajo durante una recesión. Con facturas acumulándose y sin fuente de ingresos, Maya podría haber sucumbido fácilmente a la desesperación. Pero en cambio, eligió ver este contratiempo como una oportunidad para el crecimiento y la transformación. Se dedicó a perfeccionar sus habilidades, establecer contactos con otros en su campo y explorar nuevas oportunidades para el avance profesional.

A pesar de enfrentar rechazo tras rechazo, Maya se negó a rendirse. Continuó perseverando, enviando solicitudes de empleo, asistiendo a entrevistas y aprovechando cada oportunidad que se presentaba. Y eventualmente, su perseverancia dio sus frutos: consiguió un nuevo trabajo que no solo proporcionaba estabilidad financiera, sino que también le permitía perseguir su pasión y cumplir su potencial.

A lo largo de su viaje de nunca rendirse, Maya descubrió un nuevo sentido de fuerza y resiliencia dentro de sí misma. Aprendió que no importa lo difícil que pueda parecer el camino, ella tiene el poder dentro de ella para superar cualquier obstáculo y alcanzar sus sueños. Y al hacerlo, inspiró a otros a perseverar frente a sus propios desafíos, mostrándoles que con determinación, coraje y firmeza inquebrantable, todo es posible.

La historia de Maya es solo uno de muchos ejemplos de perseverancia en acción. Desde las líneas del frente de los trabajadores de la salud que luchan contra una pandemia global hasta las luchas personales de individuos que superan la adversidad en sus propias vidas, cada narrativa sirve como testimonio del extraordinario poder de la perseverancia para desafiar las probabilidades y cambiar el rumbo de nuestras vidas.

Al reflexionar sobre estas historias de perseverancia y resiliencia, que nos inspiremos a convocar la fuerza para nunca rendirnos, sabiendo que con perseverancia, determinación y firmeza inquebrantable, podemos superar cualquier obstáculo y alcanzar nuestros sueños.

Nota: Maya es un personaje ficticio creado con el propósito de esta narrativa.

Capítulo 9
Historias de Reconstrucción y Renovación

El Capítulo 9 de "Hacia el Mañana" profundiza en el viaje transformador de reconstrucción y renovación. "Historias de Reconstrucción y Renovación" es un testimonio de la resiliencia del espíritu humano, exhibiendo narrativas de individuos que han enfrentado devastación y pérdida, solo para emerger más fuertes, más sabios y más determinados a crear un futuro más brillante.

La vida a menudo está marcada por giros inesperados, momentos de profundo trastorno que nos desafían a reconstruir nuestras vidas desde cero. Ya sea el resultado de un desastre natural, las secuelas de una tragedia personal o las cicatrices dejadas por el conflicto y la lucha, las historias en este capítulo iluminan el poder de la resiliencia humana para superar incluso los desafíos más desalentadores.

Ante la adversidad, se nos llama a convocar nuestra fuerza interior, a encontrar esperanza en medio de la desesperación y a trazar un curso hacia la renovación y restauración. De las cenizas de la destrucción, surgen nuevos comienzos: oportunidades de crecimiento, sanación y transformación que nos inspiran a reconstruir nuestras vidas con coraje, determinación y resolución inquebrantable.

Mientras emprendemos este viaje a través de historias de reconstrucción y renovación, que encontremos consuelo en la resiliencia del espíritu humano e inspiración en el poder transformador de la esperanza. Porque en los tiempos más oscuros, es nuestra capacidad para reconstruir y renovar lo que finalmente nos guía hacia un mañana más brillante.

Construyendo un Nuevo Comienzo: Historias de Renovación

Ante la devastación y la pérdida, existe una profunda oportunidad de renovación, una posibilidad de reconstruir nuestras vidas desde cero, de forjar nuevos caminos hacia adelante y de crear un futuro lleno de esperanza y posibilidad. "Construyendo un Nuevo Comienzo: Historias de Renovación" es un testimonio de la resiliencia del espíritu humano, mostrando relatos de individuos que han enfrentado la adversidad con coraje y determinación, emergiendo así más fuertes, más sabios y más decididos a crear un mañana más brillante.

La renovación no se trata solo de reconstruir lo que se perdió; se trata de abrazar el cambio, el crecimiento y la oportunidad de crear algo nuevo y hermoso a partir de las cenizas de la destrucción. Se trata de encontrar fuerza ante la adversidad, esperanza en medio de la desesperación y valentía en la profundidad de la incertidumbre.

Una historia de renovación comienza con una comunidad devastada por un desastre natural. Hogares destruidos, medios de vida perdidos y vidas destrozadas: el desastre dejó a la comunidad tambaleándose, luchando con la enormidad de su pérdida y la incertidumbre de lo que les esperaba.

Sin embargo, en medio de la devastación, había destellos de esperanza: pequeños actos de bondad, gestos de solidaridad y momentos de resiliencia que servían como faros de luz en la oscuridad. Poco a poco, la comunidad comenzó a recoger los pedazos, uniendo esfuerzos para reconstruir lo perdido y crear un nuevo comienzo a partir de los escombros.

Uno de los ejemplos más inspiradores de renovación vino de una familia que lo perdió todo en el desastre: su hogar, sus posesiones y su sentido de seguridad. Frente a la tarea desalentadora de comenzar de nuevo desde cero, la familia se negó a ser definida por sus circunstancias. En cambio, abrazaron la oportunidad de renovación, viéndola como una oportunidad para crear una nueva vida llena de propósito, significado y esperanza.

Con el apoyo de su comunidad, la familia se puso manos a la obra para reconstruir su hogar, ladrillo a ladrillo, y reconstruir sus vidas, paso a paso. Encontraron fuerza en su resiliencia, esperanza en su determinación y coraje en su firme creencia de que podían superar cualquier obstáculo que se interpusiera en su camino.

A lo largo de su viaje de renovación, la familia descubrió un nuevo sentido de gratitud por las cosas simples de la vida: el calor de un techo sobre sus cabezas, el consuelo de una comida compartida con seres queridos y la belleza de una comunidad unida en tiempos de necesidad. Aprendieron que la renovación no se trata solo de reconstruir lo que se perdió; se trata de abrazar la oportunidad de crear algo nuevo y hermoso a partir de las cenizas de la destrucción.

A medida que la comunidad continuaba reconstruyéndose y renovándose, encontraban consuelo en la resiliencia del espíritu humano e inspiración en el poder transformador de la esperanza. Se dieron cuenta de que aunque el camino por delante pudiera ser largo y difícil, estaba pavimentado con posibilidades: la posibilidad de crear un futuro lleno de esperanza, resiliencia y una determinación inquebrantable para superar cualquier desafío que se interponga en su camino.

La historia de esta comunidad es solo uno de muchos ejemplos de renovación en acción. De las cenizas de la devastación y la pérdida, surgen nuevos comienzos: oportunidades de crecimiento, sanación y transformación que nos inspiran a reconstruir nuestras vidas con coraje, determinación y una resolución inquebrantable.

Al reflexionar sobre estas historias de renovación, que encontremos fuerza en la resiliencia del espíritu humano e inspiración en el poder transformador de la esperanza. Porque en los momentos más oscuros, es nuestra capacidad para reconstruir y renovar lo que en última instancia nos guía hacia un mañana más brillante.

Reconstruyendo Vidas: El Arte de Reconstruir

En medio de la devastación y la pérdida, el viaje de reconstrucción no se trata solo de reconstruir estructuras físicas; se trata de unir vidas fragmentadas, restaurar espíritus quebrantados y recuperar un sentido de esperanza y propósito. "Reconstruyendo Vidas: El Arte de Reconstruir" es un testimonio de la resistencia del espíritu humano, mostrando historias de individuos que han enfrentado la adversidad con valentía y determinación, y han emergido de las cenizas más fuertes, más sabios y más resilientes que nunca.

Reconstruir vidas es un proceso intrincado y delicado, que requiere paciencia, perseverancia y un compromiso inquebrantable con la sanación y el crecimiento. Se trata de reconocer el dolor y el trauma del pasado, al mismo tiempo que se abrazan las posibilidades del futuro. Se trata de encontrar fuerza en la vulnerabilidad, esperanza en la desesperación y belleza en medio del caos.

Una de esas historias de reconstrucción comienza con una mujer llamada Sofía. Sofía siempre había soñado con iniciar su propio negocio, pero sus planes se vieron abruptamente interrumpidos cuando un desastre natural golpeó a su comunidad, dejando su hogar y su sustento en ruinas. Frente a la desalentadora tarea de reconstruir su vida desde cero, Sofía fácilmente podría haber sucumbido a la desesperación. En cambio, optó por ver el desastre como una oportunidad de crecimiento y renovación.

Con el apoyo de su comunidad, Sofía se puso manos a la obra para reconstruir su hogar y su negocio, ladrillo a ladrillo y día a día. En el camino, se encontró con innumerables obstáculos y contratiempos: luchas financieras, trámites burocráticos y momentos de duda. Sin embargo, con una determinación inquebrantable y una fe firme en sí misma, Sofía perseveró, negándose a dejar que nada se interpusiera en el camino de sus sueños.

A lo largo de su viaje de reconstrucción, Sofía descubrió un nuevo sentido de resiliencia y fuerza dentro de sí misma. Aprendió que la verdadera resiliencia no se trata de evitar el dolor o las dificultades, sino de encontrar el coraje para enfrentarlos de frente y salir más fuerte al otro lado. Se dio cuenta de que reconstruir su vida no se trataba solo de reconstruir estructuras físicas, sino de recuperar su sentido de identidad, propósito y pertenencia.

A medida que Sofía continuaba reconstruyendo su vida, encontraba consuelo en los pequeños momentos de belleza y alegría que surgían en medio del caos: las risas de amigos reunidos alrededor de una mesa improvisada, el calor de un abrazo de un vecino que ofrecía una mano amiga, los momentos tranquilos de reflexión y gratitud por la resiliencia del espíritu humano.

La historia de Sofía es solo uno de muchos ejemplos del arte de reconstruir en acción. Desde las cenizas de la devastación y la pérdida, surgen nuevos comienzos: oportunidades de crecimiento, sanación y transformación que nos inspiran a reconstruir nuestras vidas con coraje, determinación y resolución inquebrantable.

Al reflexionar sobre estas historias de reconstrucción, que encontremos fuerza en la resiliencia del espíritu humano e inspiración en el poder transformador de la esperanza. Porque en los momentos más oscuros, es nuestra capacidad para reconstruir nuestras vidas la que en última instancia nos guía hacia un mañana más brillante.

Encontrando Propósito en la Reconstrucción: Relatos de Renovación

En el resurgimiento tras la devastación y la pérdida, existe una profunda oportunidad de renovación: una ocasión para reconstruir nuestras vidas desde cero, forjar nuevos caminos hacia adelante y redescubrir un sentido de propósito y significado. "Encontrando Propósito en la Reconstrucción: Relatos de Renovación" es una celebración de la resiliencia del espíritu humano, mostrando historias de individuos que han enfrentado la adversidad con coraje y determinación, solo para surgir más fuertes, sabios y decididos a crear un mañana más brillante.

La reconstrucción no se trata simplemente de reconstruir estructuras físicas; se trata de reconstruir nuestras vidas: nuestras identidades, nuestras relaciones y nuestro sentido de propósito y pertenencia. Se trata de encontrar significado en medio del caos, esperanza en las profundidades de la desesperación y belleza en las cenizas de la destrucción.

Una historia de renovación comienza con un hombre llamado David. David siempre había sido apasionado por ayudar a los demás, pero nunca imaginó que su verdadera vocación surgiría de las cenizas de la tragedia. Cuando un desastre natural azotó su comunidad, dejando innumerables vidas destrozadas y hogares destruidos, David sabía que tenía que hacer algo para ayudar.

Con una determinación inquebrantable y un profundo sentido de propósito, David se puso manos a la obra, reuniendo a su comunidad para reconstruir y renovar frente a una devastación abrumadora. Juntos, despejaron escombros, repararon hogares y brindaron apoyo y asistencia a quienes lo necesitaban.

Mientras David se sumergía en el trabajo de reconstrucción, descubrió un nuevo sentido de propósito y realización dentro de sí mismo. Se dio cuenta de que el verdadero significado se encuentra no en la búsqueda de ganancias personales, sino en el servicio a los demás, en la capacidad de tener un impacto positivo en la vida de quienes nos rodean.

A través de su viaje de renovación, David encontró consuelo en la resiliencia del espíritu humano e inspiración en el poder transformador de la comunidad. Aprendió que aunque el camino hacia la recuperación puede ser largo y difícil, está pavimentado con oportunidades de crecimiento, sanación y renovación, oportunidades para redescubrir nuestro sentido de propósito y significado en medio de la adversidad.

La historia de David es solo uno de muchos ejemplos de renovación en acción. De las cenizas de la devastación y la pérdida, surgen nuevos comienzos: oportunidades de crecimiento, sanación y transformación que nos inspiran a reconstruir nuestras vidas con coraje, determinación y firme resolución.

Al reflexionar sobre estas historias de renovación, que encontremos fuerza en la resiliencia del espíritu humano e inspiración en el poder transformador de la esperanza. Porque en los momentos más oscuros, es nuestra capacidad para encontrar propósito en la reconstrucción lo que finalmente nos guía hacia un mañana más brillante.

Nota: David es un personaje ficticio creado con el propósito de esta narrativa.

Capítulo 10
Fuerza en la Comunidad: Relatos de Apoyo y Solidaridad

El Capítulo 10 de "Hacia el Mañana" explora el poder transformador de la comunidad, una fuerza que nos une, nos levanta en momentos de necesidad y nos brinda fuerza y apoyo cuando más lo necesitamos. "Fuerza en la Comunidad: Relatos de Apoyo y Solidaridad" es una celebración del espíritu humano, mostrando historias de individuos que han encontrado consuelo, resiliencia y esperanza a través de los lazos comunitarios.

En un mundo marcado por la incertidumbre y la adversidad, el poder de la comunidad brilla con más intensidad: es un faro de luz en la oscuridad, una fuente de consuelo en momentos de desesperación y un recordatorio de que nunca estamos solos en nuestras luchas. A través de actos de bondad, compasión y solidaridad, las comunidades tienen el poder de sanar heridas, levantar el ánimo y inspirar esperanza para un futuro más brillante.

Al recorrer los relatos de apoyo y solidaridad en este capítulo, que seamos recordados del impacto profundo que la comunidad puede tener en nuestras vidas. Que encontremos fuerza en los lazos que nos unen, valentía frente a la adversidad y esperanza en el conocimiento de que juntos, podemos superar cualquier obstáculo que se interponga en nuestro camino.

Uniendo Fuerzas: El Poder de la Comunidad

En el tapiz de la experiencia humana, existe una fuerza que nos une, nos levanta en tiempos de necesidad y brinda fuerza y apoyo cuando más lo necesitamos. Es el poder de la comunidad, un espíritu colectivo que trasciende los límites individuales, uniéndonos en un viaje compartido de resiliencia, compasión y solidaridad. "Uniendo Fuerzas: El Poder de la Comunidad" es una celebración de esta fuerza indomable, mostrando historias de individuos que han encontrado consuelo, resiliencia y esperanza a través de los lazos comunitarios.

La comunidad es más que solo un grupo de personas que viven en la misma área geográfica; es una red de relaciones, conexiones y experiencias compartidas que forman la base de nuestras vidas. Es el vecino que ofrece una mano amiga durante un momento de crisis, el amigo que brinda un oído atento en momentos de tristeza y el desconocido que se convierte en una fuente de fuerza y apoyo cuando más lo necesitamos.

Una historia del poder de la comunidad comienza con un pequeño pueblo enfrentando las secuelas de un devastador desastre natural. Hogares destruidos, medios de vida perdidos y vidas destrozadas: la comunidad quedó tambaleando, lidiando con la enormidad de su pérdida y la incertidumbre de lo que les esperaba.

Sin embargo, en medio de la devastación, había destellos de esperanza: actos de bondad, gestos de solidaridad y momentos de resiliencia que servían como faros de luz en la oscuridad. Poco a poco, pero con seguridad, la comunidad comenzó a recoger los pedazos, uniendo esfuerzos para reconstruir lo que se había perdido y crear un nuevo comienzo a partir de los escombros.

Uno de los ejemplos más inspiradores del poder de la comunidad provino de un grupo de voluntarios que se unieron para brindar apoyo y asistencia a quienes lo necesitaban. Con una determinación inquebrantable y un profundo sentido de compasión, estos voluntarios trabajaron incansablemente para despejar escombros, reparar hogares y brindar consuelo y cuidado a sus vecinos en angustia.

A través de sus esfuerzos colectivos, la comunidad descubrió un nuevo sentido de fuerza y resiliencia dentro de sí mismos. Aprendieron que el verdadero poder no radica en la fuerza individual, sino en los lazos de solidaridad que nos unen como comunidad, la capacidad de unirnos en tiempos de crisis, apoyarnos mutuamente en la adversidad y salir más fuertes y unidos al otro lado.

A medida que la comunidad continuaba uniendo esfuerzos, encontraron consuelo en la resiliencia del espíritu humano e inspiración en el poder transformador de la comunidad. Se dieron cuenta de que aunque el camino hacia la recuperación puede ser largo y difícil, está lleno de oportunidades de crecimiento, sanación y renovación, oportunidades para reconstruir sus vidas y su comunidad con coraje, determinación y firme resolución.

Al reflexionar sobre estas historias de comunidad, que encontremos fuerza en los lazos que nos unen, valentía ante la adversidad y esperanza en el conocimiento de que juntos, podemos superar cualquier obstáculo que se interponga en nuestro camino. Porque en el poder de la comunidad reside la promesa de un mañana mejor, un mañana construido sobre la compasión, la solidaridad y la fuerza colectiva del espíritu humano.

Unidos en la Adversidad: Historias de Solidaridad

Enfrentándose a la adversidad, existe un fenómeno notable: el poder de la solidaridad. Es una fuerza que nos une, trascendiendo las diferencias individuales y uniéndonos en un viaje compartido de resiliencia, compasión y esperanza. "Unidos en la Adversidad: Historias de Solidaridad" es un testimonio de esta extraordinaria fuerza, mostrando narrativas de individuos y comunidades que se han unido en tiempos de crisis, ofreciendo apoyo, fuerza y solidaridad a quienes lo necesitan.

La solidaridad es más que un sentimiento de simpatía o compasión; es una expresión tangible de unidad y apoyo mutuo que surge cuando reconocemos nuestra humanidad compartida y nos unimos para levantarnos unos a otros en tiempos de necesidad. Es el vecino que ofrece una mano amiga, el desconocido que se convierte en amigo y la comunidad que se une para superar incluso los desafíos más grandes.

Una de esas historias de solidaridad comienza en el resurgir de un devastador desastre natural. Cuando una poderosa tormenta azotó un pueblo costero, dejando destrucción y desesperación a su paso, la comunidad quedó tambaleando, lidiando con la enormidad de su pérdida y la incertidumbre de lo que les esperaba.

En medio del caos y la destrucción, hubo momentos de increíble solidaridad: actos de bondad, gestos de compasión y muestras de unidad que sirvieron como faros de luz en la oscuridad. Desde voluntarios que desafiaron la tormenta para rescatar a residentes varados, hasta vecinos que abrieron sus hogares a quienes lo necesitaban, pasando por empresas y organizaciones que donaron suministros y recursos, la comunidad se unió en una notable muestra de solidaridad y compasión.

Uno de los ejemplos más inspiradores de solidaridad provino de un grupo de voluntarios locales que organizaron un esfuerzo de ayuda para brindar apoyo y asistencia a los afectados por el desastre. Con una determinación inquebrantable y un profundo sentido de compasión, estos voluntarios trabajaron incansablemente para distribuir alimentos, agua y suministros a quienes lo necesitaban, ofreciendo consuelo y cuidado a sus vecinos en angustia.

A través de sus esfuerzos colectivos, la comunidad descubrió un nuevo sentido de fuerza y resiliencia dentro de sí mismos. Aprendieron que el verdadero poder no radica en la fuerza individual, sino en los lazos de solidaridad que nos unen como comunidad: la capacidad de unirnos en tiempos de crisis, apoyarnos mutuamente a través de la adversidad y surgir más fuertes y unidos al otro lado.

A medida que la comunidad continuaba uniendo esfuerzos, encontraron consuelo en la resiliencia del espíritu humano e inspiración en el poder transformador de la solidaridad. Se dieron cuenta de que aunque el camino hacia la recuperación puede ser largo y difícil, está lleno de oportunidades de crecimiento, sanación y renovación: oportunidades para reconstruir sus vidas y su comunidad con coraje, determinación y firme resolución.

Al reflexionar sobre estas historias de solidaridad, que encontremos fuerza en los lazos que nos unen, valentía ante la adversidad y esperanza en el conocimiento de que juntos, podemos superar cualquier obstáculo que se interponga en nuestro camino. Porque en el poder de la solidaridad reside la promesa de un mañana mejor: un mañana construido sobre la compasión, la unidad y el apoyo inquebrantable de nuestros semejantes.

Levantándonos Mutuamente: Relatos de Apoyo y Fortaleza

En la intrincada red de la existencia humana, existe una verdad profunda: cuando nos unimos para apoyarnos mutuamente, desatamos un poder extraordinario, el poder de levantarnos unos a otros, inspirar resiliencia y fomentar la esperanza incluso en los momentos más oscuros. "Levantándonos Mutuamente: Relatos de Apoyo y Fortaleza" es un viaje al corazón de esta fuerza transformadora, mostrando narrativas de individuos y comunidades que han superado la adversidad a través del poder de la solidaridad y la compasión.

El apoyo y la fortaleza no son simplemente conceptos abstractos; son expresiones tangibles de conexión humana y empatía que tienen el potencial de cambiar vidas y moldear destinos. Desde los actos más pequeños de amabilidad hasta las muestras más monumentales de solidaridad, cada gesto de apoyo tiene el poder de elevar, inspirar y transformar.

Una historia de apoyo y fortaleza comienza en un pequeño pueblo enfrentando las secuelas de un devastador desastre natural. Mientras una poderosa tormenta azotaba la comunidad, dejando destrucción y desesperación a su paso, los residentes quedaron tambaleando, lidiando con la enormidad de su pérdida y la incertidumbre de lo que les esperaba.

En medio del caos y la devastación, hubo momentos de notable compasión y solidaridad. Desde vecinos que abrieron sus hogares a los desplazados por la tormenta, hasta voluntarios que desafiaron condiciones peligrosas para rescatar a residentes varados, pasando por empresas y organizaciones que donaron suministros y recursos, la comunidad se unió en una increíble muestra de apoyo y fortaleza.

Uno de los ejemplos más inspiradores de apoyo provino de un grupo de voluntarios locales que organizaron un esfuerzo de ayuda para brindar asistencia a los afectados por el desastre. Con una determinación inquebrantable y un profundo sentido de compasión, estos voluntarios trabajaron incansablemente para distribuir alimentos, agua y suministros a quienes lo necesitaban, ofreciendo consuelo y cuidado a sus vecinos en angustia.

A través de sus esfuerzos colectivos, la comunidad descubrió un nuevo sentido de resiliencia y unidad. Aprendieron que la verdadera fortaleza no reside en el poder individual, sino en los lazos de solidaridad que nos unen como comunidad: la capacidad de unirnos en tiempos de crisis, apoyarnos mutuamente a través de la adversidad y surgir más fuertes y resistentes al otro lado.

A medida que la comunidad continuaba uniendo esfuerzos, encontraron consuelo en la resiliencia del espíritu humano e inspiración en el poder transformador del apoyo y la fortaleza. Se dieron cuenta de que aunque el camino hacia la recuperación puede ser largo y difícil, está lleno de oportunidades de crecimiento, sanación y renovación: oportunidades para reconstruir sus vidas y su comunidad con coraje, determinación y firme resolución.

La historia de esta comunidad es solo uno de los muchos ejemplos de apoyo y fortaleza en acción. De las cenizas de la devastación y la pérdida, surgen nuevos comienzos: oportunidades de crecimiento, sanación y transformación que nos inspiran a unirnos, apoyarnos mutuamente y crear un futuro más brillante para todos.

Al reflexionar sobre estos relatos de apoyo y fortaleza, que seamos recordados del profundo impacto que la conexión humana y la empatía pueden tener en nuestras vidas. Que encontremos inspiración en la resiliencia de aquellos que se levantan mutuamente, y que seamos capacitados para ser agentes de cambio en nuestras propias comunidades, difundiendo compasión, amabilidad y solidaridad dondequiera que vayamos. Porque en el poder del apoyo y la fortaleza reside la promesa de un mañana mejor, un mañana construido sobre la empatía, la resiliencia y la creencia inquebrantable en la bondad inherente de la humanidad.

Capítulo 11
Resiliencia a Través de las Generaciones

El Capítulo 11 de "Hacia el Mañana" explora el tema atemporal de la resiliencia a través de las generaciones. "Resiliencia a Través de las Generaciones" se sumerge en las historias de individuos y familias que han resistido las tormentas de la vida, superando la adversidad con coraje, perseverancia y una determinación inquebrantable para crear un futuro mejor para ellos y sus seres queridos.

La resiliencia no conoce límites de edad ni tiempo; es una cualidad que trasciende generaciones, moldeando el carácter y el espíritu de individuos y comunidades por igual. Desde las dificultades del pasado hasta los desafíos del presente, cada generación hereda un legado de resiliencia, un legado que sirve como una luz guía en tiempos de oscuridad y una fuente de inspiración en momentos de duda.

Al explorar el tema de la resiliencia a través de las generaciones, descubrimos un tapiz de historias que hablan de la resiliencia del espíritu humano en todas sus formas. Cada narrativa ofrece una perspectiva única sobre el poder de la resiliencia para trascender el tiempo y las circunstancias, inspirándonos a continuar con el legado de resiliencia y perseverancia que ha sido transmitido a lo largo de los siglos.

Transmitiendo Resiliencia: Lecciones de los Ancianos

En el tejido de la experiencia humana, la sabiduría y la resiliencia de nuestros ancianos se erigen como pilares de fortaleza, guiándonos a través de los desafíos de la vida con gracia, sabiduría y determinación inquebrantable. "Transmitiendo Resiliencia: Lecciones de los Ancianos" es un homenaje a las lecciones invaluables que aprendemos de aquellos que han recorrido el camino antes que nosotros, ofreciendo percepciones sobre el poder de la resiliencia para trascender el tiempo y las circunstancias.

Los ancianos poseen una gran cantidad de conocimientos y experiencias, acumulados a lo largo de toda una vida de triunfos y tribulaciones. Desde las pruebas de la guerra y el conflicto hasta las luchas de la vida cotidiana, han enfrentado la adversidad con coraje, perseverancia y una fe inquebrantable en el espíritu humano. Sus historias sirven como faros de esperanza, iluminando el camino hacia adelante e inspirándonos a abrazar los desafíos de la vida con resiliencia y fortaleza.

Una de esas historias de resiliencia comienza con una abuela que sobrevivió a las dificultades de la Gran Depresión. Creciendo en la pobreza, ella aprendió el valor de la resiliencia desde una edad temprana, mientras su familia luchaba por llegar a fin de mes frente a la adversidad económica. A pesar de los desafíos que enfrentaron, su abuela permaneció firme en su determinación de proveer para su familia, trabajando incansablemente para poner comida en la mesa y mantener un techo sobre sus cabezas.

A través del ejemplo de su abuela, las lecciones de resiliencia fueron transmitidas a través de las generaciones. Sus hijos y nietos aprendieron la importancia de la perseverancia, el trabajo duro y el optimismo frente a la adversidad, sacando fuerza de su espíritu inquebrantable y determinación.

En otra historia, nos encontramos con un anciano que sobrevivió a los horrores de la guerra y el conflicto. A pesar de presenciar atrocidades inenarrables y de soportar sufrimientos inimaginables, emergió de la oscuridad con un renovado sentido de propósito y un profundo aprecio por la resiliencia del espíritu humano. A través de sus experiencias, aprendió la importancia de la compasión, el perdón y la resiliencia frente a la adversidad, inspirando a quienes lo rodeaban a abrazar los desafíos de la vida con coraje y fortaleza.

Al reflexionar sobre estas historias de resiliencia transmitidas a través de las generaciones, se nos recuerdan las lecciones invaluables que aprendemos de nuestros ancianos. Su sabiduría y experiencia ofrecen perspicacias invaluables sobre el poder de la resiliencia para superar incluso los desafíos más grandes, inspirándonos a enfrentar las pruebas de la vida con gracia, fuerza y determinación inquebrantable.

Además de las lecciones de resiliencia, nuestros ancianos también transmiten conocimientos valiosos sobre la importancia de la comunidad, la conexión y la compasión. Nos enseñan la importancia de apoyarnos mutuamente a través de los desafíos de la vida, de tender una mano a quienes lo necesitan y de encontrar fuerza en los lazos familiares y comunitarios.

Al honrar la resiliencia de nuestros ancianos y las lecciones que nos transmiten, que seamos inspirados a continuar su legado de fuerza, coraje y compasión. Que saquemos fuerza de sus historias y que sigamos transmitiendo las lecciones de resiliencia a las generaciones futuras, asegurando que la llama de la esperanza y la perseverancia brille intensamente en los corazones de todos los que nos siguen.

Raíces Resilientes: Historias Familiares de Fortaleza

En el intrincado tapiz de la historia familiar, hay hilos de resiliencia tejidos a través de cada generación, hilos que nos unen, nos anclan en tiempos de turbulencia y nos inspiran a enfrentar las tormentas de la vida con coraje y gracia. "Raíces Resilientes: Historias Familiares de Fortaleza" es un testimonio del poder perdurable de la resiliencia transmitida a lo largo de los siglos, mostrando narrativas de familias que han enfrentado la adversidad con determinación inquebrantable y han salido más fuertes, más sabias y más resilientes que nunca.

La familia es la piedra angular de la resiliencia, proporcionando una red de apoyo que nos sustenta a través de los desafíos y tribulaciones de la vida. Desde los desafíos de la inmigración y la reubicación hasta las pruebas de la guerra y el conflicto, las familias han soportado innumerables tormentas juntas, encontrando fuerza en su historia compartida, valores y experiencias.

Una historia familiar de resiliencia comienza con un viaje de inmigración, cuando una joven pareja deja atrás su tierra natal en busca de una vida mejor para ellos y sus hijos. Frente a los desafíos de comenzar de nuevo en una tierra extranjera, enfrentan barreras lingüísticas, diferencias culturales y dificultades económicas con determinación inquebrantable y resiliencia.

A través de sus luchas, abren un camino hacia adelante, construyendo una vida para ellos y sus descendientes con trabajo duro, perseverancia y una firme creencia en la promesa de un mañana más brillante. Su resiliencia sirve como un faro de esperanza para las generaciones futuras, inspirándolas a superar la adversidad con valentía y fortaleza.

A medida que la familia crece y evoluciona a lo largo de los años, las lecciones de resiliencia se transmiten de una generación a la siguiente, dando forma al carácter y al espíritu de cada miembro de la familia. Desde las historias de las luchas y triunfos de sus ancestros hasta los valores inculcados por sus padre's y abuelos, cada miembro de la familia encuentra fuerza en sus raíces resilientes, hallando coraje e inspiración frente a los desafíos de la vida.

En otra historia familiar, nos encontramos con una saga multigeneracional de resiliencia ante la guerra y el conflicto. A medida que la familia navega por los horrores del conflicto armado, el desplazamiento y la pérdida, se aferran unos a otros en busca de apoyo, encontrando fuerza en su historia compartida y en los lazos de amor y parentesco.

A pesar de las dificultades que enfrentan, la familia se niega a ser definida por sus circunstancias. En cambio, se unen para apoyarse mutuamente, ofreciendo consuelo, confort y esperanza en momentos de desesperación. A través de su resiliencia colectiva, emergen de la oscuridad más fuertes y más unidos que nunca, sus lazos forjados en el crisol de la adversidad.

Al reflexionar sobre estas historias familiares de fuerza y resiliencia, se nos recuerda el poder del amor, la conexión y la historia compartida para sostenernos a través de las pruebas y tribulaciones de la vida. Frente a la adversidad, las familias tienen la capacidad de levantarse y inspirarse mutuamente, encontrando fuerza en sus raíces resilientes y forjando un camino juntos hacia adelante.

Además de las historias de resiliencia, las narrativas familiares también ofrecen valiosas perspicacias sobre la importancia de la conexión, la compasión y la comunidad. Las familias nos enseñan la importancia de apoyarnos mutuamente a través de los desafíos de la vida, de tender una mano a quienes lo necesitan y de encontrar fuerza en los lazos de amor y parentesco.

Al honrar la resiliencia de nuestras familias y las historias que nos transmiten, que seamos inspirados a continuar su legado de fuerza, coraje y compasión. Que saquemos fuerza de nuestras raíces resilientes y que sigamos transmitiendo las lecciones de resiliencia a las generaciones futuras, asegurando que la llama de la esperanza y la perseverancia brille intensamente en los corazones de todos los que nos siguen.

De Generación en Generación: Resiliencia a Través del Tiempo

En los anales de la historia humana, existe una narrativa atemporal de resiliencia transmitida a lo largo de las edades; una saga de coraje, perseverancia y determinación inquebrantable que trasciende el tiempo y las circunstancias. "De Generación en Generación: Resiliencia a Través del Tiempo" es una exploración de este legado perdurable, mostrando historias de individuos y familias que han enfrentado las tormentas de la vida con gracia, fuerza y un espíritu indomable.

La resiliencia no es simplemente un rasgo poseído por individuos; es una herencia colectiva transmitida de una generación a la siguiente. Desde las pruebas de la guerra y el conflicto hasta los desafíos de la migración y el desplazamiento, cada generación hereda un legado de resiliencia; un legado que sirve como una luz guía en tiempos de oscuridad y una fuente de inspiración en momentos de duda.

Una de esas historias de resiliencia comienza con una familia destrozada por los estragos de la guerra. A medida que el conflicto envuelve su tierra natal, se ven obligados a huir por sus vidas, dejando atrás todo lo que aman en busca de seguridad y refugio. A pesar de las dificultades que enfrentan en el camino: hambre, agotamiento y la constante amenaza de violencia, perseveran, encontrando fuerza en su historia compartida y los lazos de amor y parentesco.

A través de sus luchas, abren un camino hacia adelante, construyendo una nueva vida para ellos y sus descendientes en tierras extranjeras. Su resiliencia sirve como un faro de esperanza para las generaciones futuras, inspirándolos a superar la adversidad con coraje y fortaleza.

A medida que la familia crece y evoluciona a lo largo de los años, las lecciones de resiliencia se transmiten de una generación a la siguiente. Desde las historias de luchas y triunfos de sus ancestros hasta los valores inculcados por sus padre's y abuelos, cada miembro de la familia encuentra fuerza en sus raíces resilientes, hallando coraje e inspiración frente a los desafíos de la vida.

En otra historia, nos encontramos con una comunidad arrasada por un desastre natural. A medida que las aguas de la inundación suben y las viviendas son arrastradas, la comunidad se une para apoyarse mutuamente, ofreciendo refugio, alimentos y consuelo a quienes lo necesitan. A pesar de la devastación que enfrentan, se niegan a ser definidos por sus circunstancias. En su lugar, se unen para reconstruir sus vidas y su comunidad, encontrando fuerza en su resiliencia compartida y la determinación de crear un futuro mejor para ellos y sus hijos.

A través de sus esfuerzos colectivos, la comunidad emerge de la oscuridad más fuerte y unida que nunca, con sus lazos forjados en el crisol de la adversidad. Su resiliencia sirve como un testimonio del poder de la comunidad y del espíritu perdurable del corazón humano.

Al reflexionar sobre estas historias de resiliencia transmitidas de generación en generación, recordamos la verdad eterna de que la resiliencia no es simplemente un rasgo poseído por individuos, sino una herencia colectiva que moldea el carácter y el espíritu de comunidades enteras. Es un legado que trasciende el tiempo y las circunstancias, inspirándonos a enfrentar los desafíos de la vida con coraje, fuerza y determinación inquebrantable.

Además de las historias de resiliencia, las narrativas familiares también ofrecen valiosas ideas sobre la importancia de la conexión, la compasión y la comunidad. Las familias nos enseñan la importancia de apoyarnos mutuamente en los desafíos de la vida, de tender una mano a quienes lo necesitan y de encontrar fuerza en los lazos de amor y parentesco.

Capítulo 12
Enfrentando la Incertidumbre con Determinación

Capítulo 12 de "Hacia el Mañana" explora el tema de enfrentar la incertidumbre con determinación, un viaje al corazón de la resiliencia humana ante los desafíos impredecibles de la vida. "Enfrentando la Incertidumbre con Determinación" explora las historias de individuos y comunidades que han confrontado la incertidumbre con valentía, determinación y una resolución inquebrantable para perseverar.

La incertidumbre es una parte inevitable de la experiencia humana, presentándonos obstáculos imprevistos y giros inesperados a lo largo del camino de la vida. Sin embargo, es ante la incertidumbre que nuestra verdadera fuerza y resiliencia son puestas a prueba, mientras navegamos por lo desconocido con coraje, gracia y una creencia inquebrantable en nuestra capacidad para superarla.

En este capítulo, encontramos historias de individuos que han enfrentado la incertidumbre de frente, desde navegar cambios de carrera y crisis personales hasta enfrentar pandemias globales y recesiones económicas. A través de sus experiencias, obtenemos una visión sobre el poder de la resiliencia para ayudarnos a sobrellevar las tormentas de la vida y emerger más fuertes y resistentes al otro lado.

Mientras recorremos las narrativas de enfrentar la incertidumbre con determinación, que encontremos inspiración en las historias de aquellos que han superado la adversidad con coraje y determinación. Que sus historias nos recuerden que si bien la incertidumbre puede ser inevitable, nuestra respuesta ante ella está dentro de nuestro control, y con determinación y resiliencia, podemos enfrentar cualquier desafío que la vida nos presente.

Navegando en lo Desconocido: Historias de Determinación

En la vasta experiencia humana, existe un viaje hacia lo desconocido: un reino de incertidumbre, imprevisibilidad y desafíos inesperados que ponen a prueba la esencia misma de nuestra resiliencia y determinación. "Navegando en lo Desconocido: Historias de Determinación" es un testimonio de la capacidad del espíritu humano para enfrentar lo desconocido con coraje, determinación y un compromiso inquebrantable de perseverar.

La incertidumbre es un aspecto inherente de la condición humana, presentándonos territorios inexplorados y paisajes desconocidos por recorrer. Ya sea embarcándonos en un nuevo camino profesional, enfrentando crisis personales o navegando crisis globales como pandemias o recesiones económicas, la incertidumbre nos confronta con la necesidad de adaptarnos, innovar y seguir adelante con determinación.

Una de esas historias de determinación comienza con una joven emprendedora aventurándose en el impredecible mundo de los negocios. Armada con una visión y una pasión por la innovación, se propone construir su propia empresa desde cero, enfrentando numerosos obstáculos y contratiempos en el camino. A pesar de la incertidumbre del viaje emprendedor, persevera con determinación inquebrantable, encontrando fuerza en su creencia en su visión y su capacidad para superar la adversidad.

A través de su resiliencia y determinación, ella navega por los desafíos del emprendimiento, capeando las tormentas de la incertidumbre con coraje y gracia. En el camino, aprende valiosas lecciones sobre la resiliencia, la adaptabilidad y el poder de la perseverancia frente a la incertidumbre.

En otra historia, nos encontramos con una familia enfrentando la incertidumbre de una pandemia global. A medida que el mundo a su alrededor se sume en el caos y la convulsión, se ven obligados a enfrentar lo desconocido con coraje y resiliencia. A pesar de los desafíos que enfrentan, desde preocupaciones de salud hasta luchas financieras y la interrupción de sus vidas cotidianas, se unen como familia, apoyándose mutuamente a través de la incertidumbre con una determinación inquebrantable.

Gracias a su fuerza y determinación colectivas, navegan por los desafíos de la pandemia con gracia y resiliencia, emergiendo más fuertes y más unidos al final. En el camino, aprenden valiosas lecciones sobre la importancia de la resiliencia, la comunidad y el poder de la esperanza frente a la incertidumbre.

Al reflexionar sobre estas historias de resolución, recordamos el poder del espíritu humano para superar incluso los mayores desafíos. Ante la incertidumbre, se nos llama a recurrir a nuestras reservas internas de fuerza y resiliencia, aprovechando nuestro coraje, determinación y creencia en nosotros mismos para navegar por lo desconocido con gracia y fortaleza.

La incertidumbre puede ser abrumadora, pero también es una oportunidad para el crecimiento, la innovación y la transformación. Nos desafía a salir de nuestra zona de confort, enfrentar nuestros miedos y abrazar las posibilidades que se encuentran más allá de lo familiar. Al hacerlo, descubrimos nuevas profundidades de resiliencia dentro de nosotros mismos, un depósito de fuerza y determinación que nos capacita para enfrentar cualquier desafío que se nos presente.

Al atravesar las incertidumbres de la vida, que encontremos inspiración en las historias de resolución y resiliencia que nos rodean. Que encontremos coraje frente a la adversidad, fuerza en medio de la incertidumbre y esperanza en el conocimiento de que, pase lo que pase, tenemos el poder dentro de nosotros para navegar por lo desconocido con gracia, determinación y una resolución inquebrantable.

Encontrando Claridad en la Incertidumbre: La Determinación para Avanzar

En el laberinto de la vida, la incertidumbre se cierne como una sombra siempre presente, arrojando dudas y ambigüedad sobre nuestros caminos hacia adelante. Sin embargo, en las profundidades de la incertidumbre yace la oportunidad de un crecimiento profundo, transformación y autodescubrimiento. "Encontrando Claridad en la Incertidumbre: La Determinación para Avanzar" es un viaje al corazón de la resiliencia humana, explorando las historias de individuos que han enfrentado la incertidumbre con coraje, determinación y una resolución inquebrantable para seguir adelante.

La incertidumbre es una experiencia universal, enfrentándonos con preguntas que no tienen respuestas fáciles y desafíos que parecen insuperables. Ya sea navegando transiciones de carrera, enfrentando crisis personales o lidiando con convulsiones globales, la incertidumbre pone a prueba el tejido mismo de nuestra resiliencia y determinación, obligándonos a enfrentar nuestros miedos e incertidumbres de frente.

Una de estas historias de determinación comienza con una joven profesional navegando por la incertidumbre de una transición de carrera. Después de años de dedicación a un campo en particular, se encuentra en una encrucijada, insegura de qué camino tomar a continuación. Ante la abrumadora perspectiva de adentrarse en lo desconocido, reúne el coraje para abrazar el cambio, encontrando fuerza en su resolución interna y determinación para seguir un camino alineado con sus pasiones y valores.

A través de su viaje, ella aprende valiosas lecciones sobre resiliencia, adaptabilidad y el poder del autodescubrimiento frente a la incertidumbre. A pesar de los desafíos y contratiempos que encuentra en el camino, permanece firme en su determinación de avanzar, guiada por un sentido de claridad y propósito que emerge desde lo más profundo de la incertidumbre.

En otra historia, nos encontramos con una familia enfrentando la incertidumbre de una crisis global. A medida que el mundo a su alrededor se sumerge en el caos y la agitación, se ven obligados a enfrentar sus miedos e incertidumbres con coraje y resiliencia. A pesar de los desafíos que enfrentan, desde preocupaciones de salud hasta luchas financieras y la interrupción de su vida diaria, se unen como familia, encontrando fuerza en sus lazos de amor y solidaridad.

A través de su determinación colectiva, navegan los desafíos de la incertidumbre con gracia y fortaleza, emergiendo más fuertes y resilientes al otro lado. En el camino, aprenden valiosas lecciones sobre la importancia de la resiliencia, la comunidad y el poder de la esperanza ante la adversidad.

Al reflexionar sobre estas historias de resolución, se nos recuerda el poder transformador de la incertidumbre para dar forma a nuestras vidas y destinos. En medio de la incertidumbre, descubrimos reservas ocultas de fuerza y resiliencia dentro de nosotros mismos: un manantial de coraje y determinación que nos capacita para enfrentar cualquier desafío que se presente.

La incertidumbre puede ser intimidante, pero también es un catalizador para el crecimiento, la innovación y el autodescubrimiento. Nos desafía a salir de nuestra zona de confort, enfrentar nuestros miedos y abrazar las posibilidades que se encuentran más allá de lo conocido. Al hacerlo, descubrimos nuevas profundidades de claridad y propósito dentro de nosotros mismos: una luz guía que ilumina nuestro camino hacia adelante a través de la oscuridad de la incertidumbre.

Mientras navegamos por el terreno incierto de la vida, que podamos inspirarnos en las historias de resolución y resiliencia que nos rodean. Que podamos encontrar valor ante la adversidad, fuerza en medio de la incertidumbre, y claridad en el conocimiento de que, pase lo que pase, tenemos el poder dentro de nosotros para seguir adelante con gracia, determinación y una resolución inquebrantable.

Abrazando el cambio: enfrentando la incertidumbre con fortaleza.

El cambio es la única constante en la vida, sin embargo, a menudo trae consigo una ola de incertidumbre que puede dejarnos sintiéndonos abrumados e inquietos. Sin embargo, ante esta incertidumbre, se presenta una oportunidad de crecimiento, resiliencia y autodescubrimiento. "Abrazando el Cambio: Enfrentando la Incertidumbre con Fortaleza" es un viaje al corazón de la resiliencia humana, explorando las historias de individuos que han enfrentado el cambio con valentía, determinación y una fuerza inquebrantable para navegar lo desconocido.

El cambio se presenta en muchas formas, desde transiciones de carrera y convulsiones personales hasta crisis globales y cambios sociales. Cada instancia de cambio presenta su propio conjunto de desafíos e incertidumbres, poniendo a prueba los límites de nuestra resiliencia y determinación. Sin embargo, a menudo es a través de estos momentos de convulsión que descubrimos nuestra fuerza y resiliencia interna, aprendiendo a adaptarnos, evolucionar y prosperar ante la incertidumbre.

Una historia de fuerza comienza con una joven profesional enfrentando la incertidumbre de una transición de carrera. Después de años trabajando en un empleo estable, se encuentra anhelando algo más: un nuevo desafío, un camino diferente, un sentido de propósito que se alinee con sus pasiones y valores. A pesar del miedo y la incertidumbre que acompañan al cambio, reúne el coraje para dar un salto de fe, abrazando lo desconocido con un corazón abierto y una determinación para trazar un nuevo rumbo para sí misma.

A través de su viaje, ella aprende valiosas lecciones sobre la resiliencia, la adaptabilidad y el poder del autodescubrimiento frente a la incertidumbre. A pesar de los desafíos y contratiempos que encuentra en el camino, ella permanece firme en su determinación de abrazar el cambio, encontrando fuerza en su resiliencia interna y el apoyo de quienes la rodean.

En otra historia, nos encontramos con una familia luchando con la incertidumbre de una crisis global. A medida que el mundo a su alrededor se ve trastornado por eventos imprevistos, se ven obligados a enfrentar sus miedos e incertidumbres con coraje y resiliencia. A pesar de los desafíos que enfrentan, desde preocupaciones de salud hasta luchas financieras y la interrupción de su vida diaria, se unen como familia, encontrando fuerza en sus lazos de amor y solidaridad.

A través de su fuerza y determinación colectiva, navegan los desafíos del cambio con gracia y fortaleza, emergiendo más fuertes y resilientes al otro lado. En el camino, aprenden valiosas lecciones sobre la importancia de la resiliencia, la comunidad y el poder de la esperanza frente a la adversidad.

Al reflexionar sobre estas historias de fortaleza, se nos recuerda el poder transformador del cambio para dar forma a nuestras vidas y destinos. En medio de la incertidumbre, descubrimos reservas ocultas de fuerza y resiliencia dentro de nosotros mismos, manantiales de coraje y determinación que nos capacitan para enfrentar cualquier desafío que se presente.

El cambio puede ser intimidante, pero también es un catalizador para el crecimiento, la innovación y el autodescubrimiento. Nos desafía a salir de nuestra zona de confort, enfrentar nuestros miedos y abrazar las posibilidades que yacen más allá de lo familiar. Al hacerlo, descubrimos nuevas profundidades de fuerza y resiliencia dentro de nosotros mismos, un manantial de coraje y determinación que nos permite navegar lo desconocido con gracia, resiliencia y fuerza inquebrantable.

Mientras navegamos por el terreno incierto de la vida, que podamos encontrar inspiración en las historias de fortaleza y resiliencia que nos rodean. Que encontremos coraje ante la adversidad, fuerza en medio de la incertidumbre y resiliencia en el conocimiento de que sin importar los cambios que puedan venir en nuestro camino.

Capítulo 13
Historias de Transformación y Empoderamiento

El Capítulo 13 de "Hacia el Mañana" es una celebración de la capacidad del espíritu humano para la transformación y el empoderamiento. "Historias de Transformación y Empoderamiento" invita a los lectores a embarcarse en un viaje de crecimiento personal, resiliencia y autodescubrimiento a través de narrativas que iluminan el poder transformador de la experiencia humana.

La transformación es un proceso de cambio profundo, un viaje de autodescubrimiento y empoderamiento que remodela nuestras percepciones, creencias y aspiraciones. Ya sea desencadenada por crisis personales, eventos que cambian la vida o momentos de inspiración, la transformación nos ofrece la oportunidad de liberarnos de las limitaciones del pasado y abrazar nuevas posibilidades de crecimiento y realización.

En este capítulo, encontramos historias de individuos que han experimentado transformaciones notables, emergiendo de la adversidad con una nueva fuerza, resiliencia y propósito. Desde superar la adicción y el trauma hasta encontrar la paz interior y la autoaceptación, cada narrativa ofrece un vistazo al poder transformador del espíritu humano para superar obstáculos y abrazar los desafíos de la vida con coraje y gracia.

Al explorar estas historias de transformación y empoderamiento, que nos inspiremos a emprender nuestro propio viaje de crecimiento personal y autodescubrimiento. Que abracemos el cambio como una oportunidad de empoderamiento, y que encontremos el coraje para abrazar nuestro verdadero ser y crear la vida que imaginamos para nosotros mismos.

Transformando la adversidad en oportunidad: Historias de empoderamiento.

En el tapiz de la experiencia humana, la adversidad a menudo sirve como un catalizador para la transformación, un crisol en el cual nuestra resistencia, fortaleza y determinación interna son puestas a prueba. "Transformando la adversidad en oportunidad: Historias de empoderamiento" es un testimonio de la capacidad del espíritu humano para superar obstáculos, sobresalir ante desafíos y emerger más fuerte, más sabio y más empoderado que nunca.

La adversidad se presenta en muchas formas, desde contratiempos y luchas personales hasta crisis globales y convulsiones sociales. Cada instancia de adversidad nos presenta una elección: sucumbir a la desesperación o superar nuestras circunstancias con valentía, determinación y una creencia inquebrantable en nuestra capacidad para crear un cambio positivo.

Una de esas historias de empoderamiento comienza con una joven que enfrenta los desafíos de superar la adicción. Luchando contra el abuso de sustancias y sus efectos devastadores en su vida, alcanza un punto de inflexión donde debe enfrentar sus demonios y tomar el control de su destino. A través del apoyo de seres queridos y la orientación de mentores, emprende un viaje de recuperación y autodescubrimiento, transformando sus luchas en una oportunidad de crecimiento y empoderamiento.

Mientras navega por los altibajos de su proceso de recuperación, aprende valiosas lecciones sobre la resistencia, el amor propio y el poder de la transformación personal. A pesar de los obstáculos que enfrenta en el camino, desde los deseos irresistibles hasta las recaídas y contratiempos, permanece firme en su compromiso de crear una vida mejor para sí misma, encontrando fuerza en su determinación interna y el apoyo de su comunidad.

A través de su viaje, descubre un nuevo sentido de propósito y empoderamiento, dándose cuenta de que sus luchas no la han definido, sino que en cambio la han convertido en la persona resiliente, compasiva y empoderada que es hoy. Surge de la adversidad con un renovado sentido de autovalía y una determinación de utilizar sus experiencias para ayudar a otros que enfrentan desafíos similares, empoderándolos para encontrar esperanza, sanación y transformación en sus propias vidas.

En otra historia, nos encontramos con una comunidad lidiando con la devastación de un desastre natural. A medida que sus hogares son destruidos y sus medios de vida amenazados, se unen para apoyarse mutuamente en los momentos más oscuros. A pesar de los abrumadores desafíos que enfrentan, desde reconstruir sus vidas desde cero hasta lidiar con el trauma y la pérdida, se niegan a ser derrotados por la adversidad.

A través de su resiliencia colectiva y determinación, convierten la tragedia en una oportunidad de crecimiento y renovación, reconstruyendo su comunidad más fuerte y unida que nunca. Obtienen fuerza de sus experiencias compartidas y vínculos de solidaridad, empoderándose mutuamente para superar obstáculos y crear un futuro más brillante para ellos y sus familias.

Al reflexionar sobre estas historias de empoderamiento, se nos recuerda el poder transformador de la adversidad para despertar nuestra fuerza interior, resiliencia y potencial. Frente a los desafíos de la vida, tenemos el poder de convertir la adversidad en oportunidad, transformando nuestras luchas en fuentes de crecimiento, empoderamiento e inspiración.

Que estas historias de empoderamiento sirvan como un recordatorio de que, no importa qué obstáculos enfrentemos, tenemos la fuerza interior y la resiliencia para superarlos. Que nos inspiren a abrazar la adversidad como una oportunidad de crecimiento y transformación, y que nos empoderen para crear un cambio positivo en nuestras vidas y en el mundo que nos rodea.

Empoderamiento a través de la adversidad: Relatos de Transformación

En los anales de la experiencia humana, la adversidad a menudo sirve como crisol para la transformación, un viaje de resiliencia, crecimiento y empoderamiento que remodela la esencia misma de nuestro ser. "Empoderamiento a través de la Adversidad: Relatos de Transformación" es una colección de narrativas que iluminan el poder transformador de la adversidad, mostrando historias de individuos que han convertido sus luchas en fuentes de fuerza, coraje e inspiración.

La adversidad se presenta en muchas formas, desde contratiempos personales y desafíos hasta crisis globales y convulsiones sociales. Sin embargo, a menudo es a través de nuestros encuentros con la adversidad que descubrimos nuestra resiliencia interna, desenterramos reservorios ocultos de fuerza y desbloqueamos nuestro verdadero potencial. Cada historia en esta colección ofrece una visión del viaje transformador de superar la adversidad, revelando el poder del espíritu humano para superar obstáculos y crear cambios positivos en el mundo.

Uno de estos relatos de transformación comienza con una joven que enfrenta la devastadora pérdida de un ser querido. Afectada por el dolor y la desesperación, lucha por encontrar significado y propósito en medio de su pérdida. Sin embargo, a través de su viaje de sanación y autodescubrimiento, comienza a desenterrar un nuevo sentido de fuerza y resiliencia dentro de sí misma.

Mientras navega por las complejidades del duelo y el luto, descubre el poder de la vulnerabilidad, la autocompasión y el apoyo de la comunidad en el proceso de sanación. A través de la orientación de consejeros de duelo, grupos de apoyo y seres queridos, aprende a abrazar su dolor como una fuente de crecimiento y transformación, en lugar de una carga para llevar sola.

A lo largo de su viaje, encuentra consuelo al conectarse con otros que han experimentado una pérdida similar, obteniendo fuerza de sus experiencias compartidas y sabiduría colectiva. Juntos, crean una comunidad de apoyo y solidaridad, capacitándose mutuamente para enfrentar los desafíos del duelo con valentía y resiliencia.

En otra historia, nos encontramos con una comunidad devastada por las secuelas de un desastre natural. A medida que los hogares son destruidos, los medios de vida se ven amenazados y las vidas se ven trastornadas, la comunidad se une para reconstruir y recuperarse. A pesar de los desafíos abrumadores que enfrentan, desde la devastación física de su entorno hasta el costo emocional de sus pérdidas, se niegan a ser definidos por sus circunstancias.

A través de su resiliencia y determinación colectivas, convierten la tragedia en una oportunidad de crecimiento y renovación, transformando su comunidad en un faro de esperanza y resiliencia. Obteniendo fuerza de su sentido compartido de propósito y solidaridad, trabajan incansablemente para reconstruir sus vidas y crear un futuro más brillante para ellos y las generaciones futuras.

Al reflexionar sobre estas historias de transformación, recordamos el poder transformador de la adversidad para despertar nuestra fuerza interior, resiliencia y potencial. Ante los desafíos de la vida, tenemos el poder de convertir la adversidad en oportunidad, transformando nuestras luchas en fuentes de crecimiento, empoderamiento e inspiración.

Que estas historias sirvan como un recordatorio de que, sin importar los obstáculos que enfrentemos, tenemos la fuerza interior y la resiliencia para superarlos. Que nos inspiren a abrazar la adversidad como una oportunidad de crecimiento y transformación, y que nos empoderen para crear un cambio positivo en nuestras vidas y en el mundo que nos rodea.

Hallar Empoderamiento Interno: El Viaje del Auto-Descubrimiento

En el laberinto de la vida, existe un profundo viaje de auto-descubrimiento, un camino iluminado por el poder transformador de la adversidad y la innata resiliencia del espíritu humano. "Hallar Empoderamiento Interno: El Viaje del Auto-Descubrimiento" es una odisea hacia las profundidades del ser, explorando las historias de individuos que se han embarcado en una búsqueda para descubrir su fuerza interna, reclamar su poder, y surgir como agentes empoderados de cambio en sus propias vidas y en el mundo.

En el corazón de este viaje yace el reconocimiento de que el verdadero empoderamiento comienza desde dentro: es un proceso de auto-descubrimiento, autoconciencia y autoaceptación que nos capacita para abrazar nuestro ser auténtico y vivir nuestras vidas con propósito y pasión. Sin embargo, este viaje a menudo es catalizado por momentos de adversidad y desafío, momentos que nos obligan a enfrentar nuestros miedos, trascender nuestras limitaciones y acceder a nuestros reservorios internos de fuerza y resiliencia.

Una historia de auto-descubrimiento comienza con una joven que navega por las complejidades de la identidad y el sentido de pertenencia. Nacida en una sociedad que dicta estándares estrechos de belleza y éxito, lucha contra sentimientos de insuficiencia, auto-duda e inseguridad. Sin embargo, a través de su viaje de autoexploración y autoaceptación, comienza a desentrañar las capas de condicionamiento que han moldeado su sentido de sí misma, descubriendo la belleza y el poder que yacen dentro de su esencia única.

A medida que profundiza en su paisaje interno, aprende a abrazar sus imperfecciones, celebrar sus fortalezas y honrar su verdad con autenticidad inquebrantable. A través del proceso de autodescubrimiento, encuentra empoderamiento al abrazar su singularidad, reclamar su voz y afirmar su valía para brillar intensamente en el mundo.

En otra historia, nos encontramos con un hombre que confronta las sombras de su pasado y los demonios que atormentan su alma. Cargado con el peso del trauma, la vergüenza y el arrepentimiento, emprende un viaje de sanación y redención, buscando reconciliar las piezas fracturadas de su identidad y reclamar su sentido de valía personal. A través de la terapia, la auto-reflexión y actos de autocompasión, comienza a desenredar los nudos de dolor y sufrimiento que lo han atado durante tanto tiempo, encontrando liberación en el abrazo de su propia humanidad.

Mientras navega por el laberinto de su paisaje interior, descubre el poder del perdón, la compasión y el amor propio en el proceso de sanación. A través del valiente acto de confrontar su pasado y abrazar sus imperfecciones, encuentra empoderamiento al aceptar su vulnerabilidad y abrazar su humanidad.

A través de sus viajes de auto-descubrimiento, estas personas desentierran el poder transformador de la adversidad para despertar su fuerza interior, su resistencia y su potencial. Aprenden que el verdadero empoderamiento no proviene de la validación externa o la aprobación, sino del profundo manantial de sabiduría, coraje y autenticidad que reside dentro de cada uno de nosotros.

Al reflexionar sobre estas historias de auto-descubrimiento, recordamos que el camino hacia el empoderamiento comienza con un solo paso: la disposición de mirar hacia adentro, enfrentar nuestros miedos y abrazar nuestra verdad con coraje y compasión inquebrantables. Frente a la adversidad, tenemos el poder de reclamar nuestra fuerza, reescribir nuestras historias y surgir como agentes de cambio empoderados en nuestras propias vidas y en el mundo que nos rodea.

Que estos relatos de auto-descubrimiento nos inspiren a emprender nuestro propio viaje de empoderamiento, y que encontremos el coraje para abrazar nuestra autenticidad, recuperar nuestro poder y vivir nuestras vidas con propósito, pasión e integridad.

Capítulo 14

Mirando hacia el Futuro: Construyendo un Futuro Más Brillante

El Capítulo 14 de "Hacia el Mañana", titulado "Mirando hacia el Futuro: Construyendo un Futuro Más Brillante", sirve como un faro de esperanza e inspiración en un mundo a menudo asediado por desafíos e incertidumbres. Este capítulo invita a los lectores a embarcarse en un viaje de visión colectiva, acción y resiliencia mientras nos esforzamos por crear un futuro lleno de promesa, posibilidad y positividad.

Ante la adversidad y la convulsión, es fácil sentirse abrumado por la enormidad de los problemas que enfrentamos. Sin embargo, "Mirando hacia el Futuro" nos recuerda que incluso en nuestros momentos más oscuros, siempre hay motivos para la esperanza. Celebra el espíritu humano indomable, que una y otra vez ha sabido enfrentar los desafíos del presente y allanar el camino hacia un mañana más brillante.

Este capítulo es un llamado a la acción para que individuos, comunidades y sociedades se unan en busca de una visión compartida del futuro, una que se caracterice por la igualdad, la justicia, la sostenibilidad y la compasión. A través de iniciativas audaces, soluciones innovadoras y esfuerzos colaborativos, tenemos el poder de moldear un mundo donde cada persona tenga la oportunidad de prosperar y florecer.

Al mirar hacia el futuro, hagámoslo con optimismo, determinación y una firme creencia en nuestra capacidad colectiva para crear un cambio positivo. Juntos, construyamos un futuro más brillante para nosotros mismos, nuestros hijos y las generaciones venideras.

Soñando con el Mañana: Visiones para un Futuro Más Brillante

En el tapiz de la existencia humana, el sueño de un mañana más brillante ha servido durante mucho tiempo como un faro de esperanza, guiándonos a través de las noches más oscuras e inspirándonos a alcanzar las estrellas. "Soñando con el Mañana: Visiones para un Futuro Más Brillante" es una exploración de la imaginación colectiva, un viaje al reino de la posibilidad donde los sueños se transforman en realidad y las aspiraciones toman vuelo.

En el corazón de esta exploración yace el reconocimiento de que el futuro no es un destino fijo, sino un lienzo sobre el cual podemos plasmar nuestras esperanzas, sueños y aspiraciones. Es un lienzo que se moldea mediante la visión colectiva, la determinación y las acciones de individuos y comunidades en todo el mundo. En las páginas que siguen, nos embarcaremos en un viaje de descubrimiento, adentrándonos en las visiones, ideas e iniciativas que prometen un mañana más brillante para todos.

Una de las visiones más convincentes para el futuro es la de un mundo donde la igualdad, la justicia y la dignidad humana sean valores fundamentales. En esta visión, cada persona, independientemente de su raza, género o estatus socioeconómico, tiene la oportunidad de prosperar y alcanzar su potencial. A través de esfuerzos concertados para abordar las desigualdades sistémicas, combatir la discriminación y promover la inclusión social, podemos crear un futuro donde todos tengan acceso a la educación, la atención médica y las oportunidades económicas.

Imagina un mundo donde el cuidado del medio ambiente esté en primer plano en nuestra conciencia colectiva, donde vivamos en armonía con la naturaleza y protejamos el planeta para las generaciones futuras. A través de prácticas de desarrollo sostenible, iniciativas de energía renovable y esfuerzos de conservación, podemos crear un futuro donde el aire limpio, el agua limpia y los abundantes recursos naturales sean la norma en lugar de la excepción.

Otra visión para el futuro es la de un mundo donde la innovación tecnológica y el descubrimiento científico se aprovechen para el bienestar de la humanidad. Desde avances en la atención médica y la biotecnología hasta descubrimientos en energía renovable y exploración espacial, las posibilidades son ilimitadas. Al invertir en investigación y desarrollo, fomentar la colaboración entre científicos e innovadores y garantizar un acceso equitativo a la tecnología, podemos desbloquear todo el potencial de la ingeniosidad humana y crear un futuro donde ningún desafío sea insuperable.

Además de estas visiones globales, también existen innumerables iniciativas locales y esfuerzos liderados por la comunidad que prometen un futuro más brillante. Desde proyectos de jardinería urbana y campañas de limpieza en barrios hasta programas de mentoría juvenil e iniciativas de intercambio cultural, comunidades de todo el mundo se están uniendo para crear un cambio positivo desde la base. Estos movimientos de base sirven como testimonio del poder de la acción colectiva y la creencia de que cada individuo tiene la capacidad de marcar la diferencia.

Al mirar hacia el futuro, es importante reconocer que la realización de estas visiones no llegará fácilmente ni sin desafíos. Requerirá perseverancia, determinación y un compromiso firme con los valores que nos unen como comunidad global. Sin embargo, es precisamente frente a la adversidad donde nuestra fuerza colectiva y nuestra resiliencia brillan con más intensidad. Es en nuestra capacidad de soñar, de imaginar y de trabajar juntos hacia un propósito común donde encontramos la esperanza para un mañana más brillante.

Al reflexionar sobre las visiones de un futuro más brillante presentadas en este capítulo, recordemos que el poder de crear un cambio positivo reside en cada uno de nosotros. Ya sea a través de pequeños actos de bondad, activismo cotidiano o liderazgo visionario, todos tenemos un papel que desempeñar en la conformación del mundo en el que queremos vivir. Juntos, atrevámonos a soñar con un futuro donde la paz, la prosperidad y la justicia prevalezcan, y trabajemos incansablemente para convertir ese sueño en realidad.

Construyendo puentes hacia el mañana: Emprendimientos esperanzadores

En el gran tapiz de la existencia humana, la noción de mañana encierra la promesa de posibilidades infinitas y el potencial de un futuro más brillante y esperanzador. "Construyendo Puentes hacia el Mañana: Emprendimientos Esperanzadores" encapsula el esfuerzo colectivo por trascender barreras, fomentar la conexión y forjar caminos hacia un mundo imbuido de optimismo, resiliencia y compasión.

En el centro de este esfuerzo yace el reconocimiento de que nuestras acciones hoy moldean el paisaje del mañana. Cada decisión que tomamos, cada iniciativa que emprendemos, es un peldaño hacia el futuro que imaginamos. Al embarcarnos en este viaje de exploración, nos sumergimos en las numerosas iniciativas, proyectos y emprendimientos que sirven como faros de esperanza, guiándonos hacia un mañana más inclusivo, equitativo y sostenible.

Uno de los esfuerzos más conmovedores en esta búsqueda es la construcción de puentes literales y metafóricos, estructuras que trascienden las fronteras físicas y unen comunidades, culturas y perspectivas dispares. Estos puentes sirven como símbolos de conexión y entendimiento, ofreciendo vías para el diálogo, la colaboración y el respeto mutuo. A través de iniciativas como programas de intercambio cultural, diálogos diplomáticos y esfuerzos de construcción de paz, podemos tender puentes, fomentar la empatía y cultivar un sentido compartido de humanidad.

Otro aspecto crucial de la construcción de puentes hacia el mañana es el cultivo de la empatía y la compasión, cualidades que se encuentran en el corazón de la justicia social y los derechos humanos. Al fomentar la empatía, podemos promover una comprensión más profunda de las experiencias y luchas de los demás, lo que conduce a una mayor solidaridad y acción colectiva. Iniciativas como proyectos de servicio comunitario, voluntariado y campañas de defensa capacitan a las personas para hacer una diferencia tangible en la vida de los demás, fomentando una cultura de compasión y empatía que trasciende fronteras y límites.

Además de fomentar la conexión y la compasión, construir puentes hacia el mañana también implica abordar desafíos globales apremiantes como el cambio climático, la pobreza y la desigualdad. A través de soluciones innovadoras, asociaciones colaborativas e iniciativas políticas audaces, podemos crear un mundo más sostenible y equitativo para las generaciones futuras. Iniciativas como proyectos de energía renovable, iniciativas de desarrollo sostenible y programas de reducción de la pobreza ofrecen caminos hacia un futuro donde cada persona tenga la oportunidad de prosperar y florecer.

Además, construir puentes hacia el mañana requiere un compromiso de nutrir a la próxima generación de líderes, innovadores y agentes de cambio. Al invertir en educación, programas de mentoría e iniciativas de desarrollo de liderazgo, podemos capacitar a los jóvenes para que se conviertan en agentes de cambio positivo en sus comunidades y más allá. Iniciativas como programas de empoderamiento juvenil, incubadoras de emprendimientos e iniciativas de educación STEM ofrecen caminos para que los jóvenes desarrollen todo su potencial y contribuyan significativamente al mundo que les rodea.

Al mirar hacia el futuro, queda claro que construir puentes hacia el mañana no es una tarea que se pueda emprender solo. Requiere el esfuerzo colectivo de individuos, comunidades y naciones que se unen para crear un mundo más justo, compasivo y sostenible. Al construir puentes de conexión, empatía y colaboración, podemos superar los desafíos que nos esperan y crear un futuro lleno de esperanza, oportunidad y posibilidad.

En conclusión, "Construyendo Puentes hacia el Mañana: Emprendimientos Esperanzadores" encapsula el esfuerzo colectivo para trascender barreras, fomentar la conexión y forjar caminos hacia un mundo más inclusivo, equitativo y sostenible. A través de iniciativas que promueven la conexión, fomentan la empatía, abordan los desafíos globales y empoderan a la próxima generación, podemos crear un futuro imbuido de optimismo, resiliencia y compasión. Juntos, construyamos puentes hacia el mañana y allanemos el camino hacia un futuro más brillante y esperanzador para las generaciones venideras.

Creando un Mejor Mañana: Pasos hacia un Futuro Más Brillante

En el vasto panorama del esfuerzo humano, la búsqueda de un mañana mejor es un viaje que trasciende el tiempo y el espacio. "Creando un Mejor Mañana: Pasos hacia un Futuro Más Brillante" encapsula el esfuerzo colectivo de individuos, comunidades y sociedades para visualizar, planificar y trabajar hacia un mundo caracterizado por la paz, la prosperidad y la sostenibilidad.

En su núcleo, crear un mejor mañana se trata de tomar medidas proactivas para abordar los desafíos apremiantes de nuestro tiempo y construir un futuro más justo, equitativo y resiliente. Requiere previsión, determinación y un compromiso con la acción colectiva.

En la siguiente exploración, nos sumergimos en las dimensiones multifacéticas de este esfuerzo, examinando los pasos que individuos y comunidades pueden tomar para allanar el camino hacia un futuro más brillante.

Uno de los pasos fundamentales hacia la creación de un mañana mejor es el cultivo de la empatía, la compasión y la comprensión. Al fomentar la empatía, podemos desarrollar una apreciación más profunda de las experiencias, perspectivas y luchas de los demás, lo que conduce a una mayor solidaridad y cooperación. Iniciativas como los programas de intercambio intercultural, talleres de capacitación en diversidad y foros de diálogo comunitario ofrecen oportunidades para que las personas se involucren con diversas perspectivas y construyan puentes de comprensión a través de divisiones culturales, sociales e ideológicas.

Además, crear un mañana mejor implica abordar las causas profundas de la injusticia sistémica, la desigualdad y la marginación. Esto requiere un compromiso con la justicia social, los derechos humanos y el acceso equitativo a recursos y oportunidades para todos. Iniciativas como campañas de defensa, esfuerzos de reforma política y organización comunitaria fortalecen a individuos y comunidades para desafiar sistemas injustos y abogar por un cambio positivo. Al amplificar las voces de las comunidades marginadas y abogar por políticas que promuevan la igualdad y la inclusión, podemos crear una sociedad más justa y equitativa para todos.

Otro paso crucial hacia la creación de un mañana mejor es la promoción de la sostenibilidad ambiental y la custodia del medio ambiente. Al enfrentarnos a los desafíos urgentes del cambio climático, la pérdida de biodiversidad y la degradación ambiental, es imperativo que tomemos medidas audaces y decisivas para proteger y preservar nuestro planeta para las generaciones futuras. Iniciativas como proyectos de energía renovable, esfuerzos de conservación e iniciativas de desarrollo sostenible ofrecen caminos hacia un futuro más sostenible y resiliente. Al aprovechar el poder de la innovación, la tecnología y la acción colectiva, podemos hacer la transición hacia una economía baja en carbono y construir un futuro donde las personas y el planeta prosperen en armonía.

Además, crear un mañana mejor requiere invertir en educación, salud y oportunidades económicas para todos. El acceso a una educación de calidad, atención médica y recursos económicos es fundamental para el florecimiento humano y el progreso social. Iniciativas como programas de salud universal, sistemas educativos equitativos y políticas económicas inclusivas aseguran que cada persona tenga la oportunidad de alcanzar su máximo potencial y contribuir significativamente a la sociedad. Al invertir en el capital humano y capacitar a las personas para llevar vidas saludables y satisfactorias, podemos crear un mundo más próspero y equitativo para todos.

Además de estos cambios sistémicos, crear un mañana mejor también implica fomentar una cultura de colaboración, innovación y resiliencia. Al aprovechar el poder de la tecnología, el emprendimiento y la participación comunitaria, podemos abordar desafíos complejos y desbloquear nuevas oportunidades para un cambio positivo. Iniciativas como los centros de innovación, los programas de emprendimiento social y los proyectos de resiliencia comunitaria empoderan a individuos y comunidades para crear soluciones a desafíos locales y globales. Al fomentar un espíritu de creatividad, adaptabilidad y colaboración, podemos construir un futuro que responda a las necesidades y aspiraciones de todos.

Al mirar hacia el futuro, está claro que crear un mañana mejor requiere el esfuerzo colectivo de individuos, comunidades y naciones que se unan para abordar los desafíos apremiantes de nuestro tiempo. Al tomar medidas proactivas para promover la empatía, la justicia, la sostenibilidad y la oportunidad, podemos construir un futuro más equitativo, resiliente y esperanzador. Juntos, trabajemos hacia un mañana más brillante, donde cada persona tenga la oportunidad de prosperar y donde nuestro planeta sea preservado para las generaciones venideras.

www.ingramcontent.com/pod-product-compliance
Lightning Source LLC
LaVergne TN
LVHW061554070526
838199LV00077B/7046